이직과 퇴사 사이,
결국 회사

이직과 퇴사 사이,
결국 회사

초판 1쇄 │ 2021년 5월 3일

지은이 │ 김지영
발행인 │ 최현숙
펴낸곳 │ 도서출판11

출판등록 │ 2020. 03. 04 제2020-000006호
주소 │ 서울특별시 강북구 도봉로95길 33, 1층(수유동)
전화 │ 02-6013-3919
팩스 │ 02-6499-8919
이메일 │ rashomon2580@naver.com

ⓒ 김지영, 2021, Printed in Seoul, Korea

ISBN 979-11-971933-8-5 13190

도서출판11은 도서출판 덤보의 성인 브랜드입니다.

＊ 책값은 뒤표지에 표시되어 있습니다.
＊ 잘못 만들어진 책은 구입하신 서점에서 교환해드립니다.

이직과 퇴사 사이,
결국 회사

김지영 지음

회사라는 미로에서 출구를 찾기 위한 직장인들이
반드시 알아야 할 조직문화 안내서

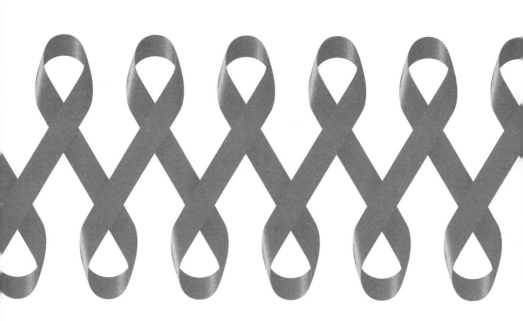

도서출판 11

떠나지도, 머물지도 못하는
회사라는 곳에 대하여

   수많은 스타트업이 생겨난다. 그들의 문화는 깨어있고, 발 빠르며, 신선하고, 파격적이기까지 하다. 그것은 몹시 매력적이어서 스타트업이 아닌 중견기업이나 대기업들조차도 도대체 그 문화가 무엇이기에, 왜 그리 많은 직장인과 예비 직장인을 '꿈꾸게' 하고 '끌리게' 만드는지 들여다보게 되었다.

   벤치마킹들을 한다. 그러나 그 실체는 합리적이고 효과적인가? 꿈꾸던 이론이 현실에 멋지게 맞아떨어지는가? 들여다보면 빛 좋은 개살구나 여우의 신 포도 같은 경우가 부지기수라, 내부는 썩어가고 불만은 고름처럼 터져 나온다. 보기 좋은 포장지를 한 꺼풀 벗겨내고 정말로 조직과 구성원 모두를 위하는 조직문화는 어떤 것인지, 우리는 좀 더 솔직해질 필요가 있다.

   중요한 모임에 참석할 때 잔뜩 치장해서 좋다는 것 이것저것 달고 나가봐야 구질구질 무겁고 우스꽝스럽기만 하다. 세련된 스타일리스트는 덜어낼 줄도 알아야 한다. 덜어내다 보면 역시나 남는 건 '기본'이다. 조직문화 역시 그러하다. 시간이 지나도 우리가 함께하기 위해 갖춰야 할 기본은 변함없다. 가나다를 배운 후에 문법을 배우고, 더하기로 시작하여 함수를 풀어나가듯 언제나 기본부터 배워왔던 우리다. 그러나 유독 이 분야만큼은 기본은 제쳐두고 이번 시즌 한정판 아이템을 출시 전날부터 줄 서서 영접하듯, 새로운 것에 목말라한다. 기본이라는 것이 나열해놓고 보면 누구나 생각할 법한 뻔한 것임에도 자꾸만 건너뛰려고 한다. 뻔한 것이기에 그래도 될 것 같다. 기본부터 가기에는 너무 시간이 걸리고, 뒤처질 것만 같다.

　　조직의 구성원으로 우리가 바람직한 조직문화에 골인하기 위해 각 장에서 공통적으로 전달하는 핵심은 다음과 같다.

첫째, 우리는 모두가 각각 특별하다는 것, 그렇기에 그 특별함을 진심을 가지고 들여다봐야 한다는 것.

둘째, 바탕이 되는 기본이 튼실히 지켜져야 쓰러지지 않고, 혹여나 쓰러져도 다시 시작할 수 있다는 것.

셋째, 모든 것은 관계에서 시작되고 끝나며, 관계가 매듭이 되고 열쇠가 되어 유기적으로 영향을 미친다는 것.

특별한 각각의 다른 이야기를 듣고 모아서, 그 다름으로 새롭게 만든 맞춤 문화들 사이에서 우리의 성장과 발전이 논의되었으면 한다. 직소퍼즐을 맞출 때 서로 다른 모양의 조각들을 틀에 맞게 깎아서 퍼즐을 완성하지는 않는다. 딱 맞게 이가 맞물린 조각들이 만나 제 자리를 찾아야 퍼즐이 완성된다. 레고 마니아들은 더는 매뉴얼대로만 레고를 만들지 않는다. 내가 가진 블럭들과 창의력으로 세상 어디에도 없는 단 하나의 멋진 결과물을 만들어 낸다. 조직 내 각기 다른 조각들이 품고 있는 무한한 우리만의 생각을 더하여, 우리에게 가장 잘 맞게 완성시킨 문화 안에서 구성원 각자가 빛나고, 커가기를 바란다. 그것이 성과가 되고, 성장이 되며, 올바른 행복으로 이어지기를 바란다.

　이 책은 수많은 정답과 오답 사이를 헤매며 떠나지도 머물지도 못하는 당신을 위한 책이다. 나의 시행착오와 오답들을 여기 모아 오늘의 당신을 응원한다. 단 한 명의 당신에게라도 긍정적인 변화의 키워드를 줄 수 있다면 좋겠다.

　이 책이 그 어떤 트렌드의 변화에도 언제나 생각해야 할 이야기가 되기를. 힘겨운 직장 생활의 고단함에 잠식되지 않고, 현명한 해결 방법에 대해 고민하는 누군가에게 회사와 그 안의 사람을 이해할 수 있는 시작점이 되기를.

―2021년 봄과 여름 사이,

김지영 드림

차례

Chapter 03

서로 최소한의 것은
지키고, 요구할 수 있기를

즐겁게 때론 힘겹게 지켜온 나의 신념들을
어리석다 얘기하면서 포기할 뻔하게 한 그대들과
미련하게 고집했던 나에게 용기를 준 고마운 그대들,
그 모두가 지금의 나를 만들어줬음에 감사드리며.

아무것도 변하는 게 없을 것 같겠지만
그럼에도, 소중한 한 걸음을 내딛고 있는 당신에게.

Chapter 01

'한 번 더'를 다짐하는
당신이 알아야 할
회사에 관한 모든 것

조직문화,
누구나 알듯이 정답은 없다

언제부턴가 채용공고나 홈페이지에서 많이 등장하는 말이 '조직문화'이다. 이 문구가 들어가 있지 않은 회사의 채용 공고는 구직자에게 그저 그런 매력 없는 곳으로 1차 거름망을 통해 걸러진다. 그러니 더욱더 조직문화에 목을 매게 된다.

베긴 듯이 '수평적', '자율적', '워라밸'이라는 단어를 가져다 붙이고, 복지제도가 조직문화 구성 요소의 전부인 양 지겹도록 길게 나열해 붙인 텍스트들은 다들 비슷한 이야기를 한다. 그 복지란 것도 절반 이상은 법적 의무 사항이지, 조직문화를 보여 줄 만한 단서들도 아니다. 지킬 걸 마땅히 지키는 것이 특별한 일이 된 세상이라니. 하염없이 길어지는 텍스트 안에서 도무지 조직의 철학과 미션은 찾아볼 길이 없는 경우도 허다하다. 빅브라더의 강령에 따라 움직이는 독재도 아닐 텐데 말이다.

"우리 조직의 문화를 바꾸려면 어떻게 해야 하는가?" 채용 인터뷰에서 면접관들이 많이 하는 질문 중 하나이다. '물론, 난 이미 답을 알고 있지만.'이라는 뉘앙스를 잔뜩 묻혀서 말이다. 일단 이런 질문을 받고 나면 이 사람은 내게 원하는 것이 뭔가 싶다. 질문과 관계없이 통상적으로 갖추고 있어야 할 요소들을 물어보는 것인가, 진정 현실적으로 필요한 답을 얻고 싶은 것인가, 아니면 최근 본인이 알게 된 조직문화와 관련한 깨알 같은 지식을 자랑하고 싶은 건가.

애초에 질문이 잘못된 게 아닌가? '우리' 조직의 문화를 바꾸고 싶다면 '우리' 조직의 최소한의 현안과 구성 정도는 알려줘야지. 함수 문제를 풀려면 조건을 줘야지 않느냔 말이다. 문화가 뭐라고 생각하세요, 라고 다시 물어볼까. 찰나의 복잡했던 뇌 주름을 펴고 적당히 원론적인 대답을 하고 나면, '아닌데, 아닌데'를 두 눈 가득 번뜩이며 진작부터 하고 싶었던, 이미 온갖 매체를 통해 전 국민이 다 아는 HR 트렌드한 꼭지를 읊는다. 질문할 때부터 입을 달싹이더니. 역시나 이거였나. 이쯤되면 한숨부터 나온다. 혹시라도 입사하면 나는 만들어야 할 정답들을 당신에게서 통보받게 되는 거겠죠?

조직에서 이렇게 뒤따라가고 베끼면서 조직문화를 운운하는 데는 다 이유가 있다. 이제는 '얼마나 많은 돈을 벌고 나누는 직장인지'가 아닌 '어떻게 돈을 벌고 나누는 직장인지'에 구성원들이 더 큰 가치를 두게 되었다는 것을 조직에서도 알았기 때문이다. 고용시장 내 잠재적 인재들의 1차 거름망에 걸러져 나가지 않기 위해서는 조직문화를 놓쳐서는 안 된다는 걸 소규모의 조직조차 인지하게 되었다는 말이다. 인지하였으니, 이제껏 급할 때 해왔던 대로 모범답안을 찾기 시작했다. 벤치마킹해서 우리에게 맞도록 얼른 패키징도 해 보고, 다들 좋다고 하는 것과 멋져 보이는 것으로 장식도 해 보았다. 외국계 기업이, 대기업이, 잘나가는 스타트업이 하는 제도나 키워드를 우리도 가져와야 앞선('올바른'이나 '바람직한'이 아닌) 문화를 가진 조직에 줄 설 수 있을 것 같다. 조직문화가 어느새 이미지 마케팅이 되어 버린 것이다.

그러다 보니 대외적으로는 수평적 문화를 표방하는 조직의 실체는 사실, 위에서 만들어준 문구를 시키는 대로 공표한 상명하복 문화의 결과물이었던 경우도 있다. 이렇듯 실제 조직문화와는 별개의 것이 되어 버리기도 하고, 직원들이 느끼는 실효성과는 별개인 복지제도의 개수가 좋은 문화의 척도처럼 보이기도 한다. 과대광고인 것이다.

수많은 기출문제의 모범답안,
그 사이 어딘가를 헤매는 당신에게

• • •

좋다는 거 다 벤치마킹했는데 왜 좋은 문화가 안 되는 거냐, 뭐가 정답이냐고 물어본다면 안타깝게도 문화의 뜻을 다시 생각해 보라고 말하고 싶다. 규정 바꾸듯 번호 붙여 제정하고 '오늘부터 시작!'이라고 말하고 공표한다고 바뀌는 것이 문화는 아니다. 기획하여 만들지 않았더라도 어느 조직에나 이미 만들어진 문화는 존재해왔다. 문화는 이미 많은 사람이 알 듯, 하룻밤 사이에 만들어지지 않는다. 그것을 바꾸기 위해서는 길든 짧든 시간이라는 필수 요건을 견뎌야 한다. 게다가 조직문화는 구성원들의 가치관과 신념, 행동 양식들이 종합적으로 축적되고 반영되어 나타나는 것이다. 이 조직에 적합하고 그들이 지향하는 문화라고 해서, 저 조직에도 좋을 수는 없다. 또한, 문화를 만들어가는 주체인 사람은 끊임없이 변화를 거듭한다. 파충류도 아닌데 무한 탈피를 하면서 모든 주변 정보들을 변칙적으로 재조합하며 유기적으로 진화하고 성장하기 때문에 어지간한 패치 업데이트 정도로는 완벽한 정답을 찾을 수 없다. 더구나 조직문화란 트렌드의 엄청난 영향권 안에 있는 분야이기도 하다.

그래서, 정답은 없다. 대부분이 알고 있듯 말이다. 조직문화에 정답은 없다. 있으면 좋으련만 없다. 하지만 어디에나 적용할 단 하나의 정답이 없을 뿐, 체형과 취향에 맞도록 맞춤옷을 만들 순 있지 않을까. 담당자는 수많은 기출문제 사이에서 우리 조직의 상황과 구성을 고려하며 엄선하여 대입해보고, 더하고 빼고, 고민하고, 재조합하고, 변형하고, 질문하고, 대화하고, 연구하고, 진화시켜 나갈 수밖에 없다. 검증된 방법과 실패한 방법 중에서 우리 조직에 꼭 맞는 옷을 찾아내기는 어렵겠지만, 그 안에 분명 실마리가 있을 것이다. 그것을 위해 우린 그다지도 많은 기출문제를 풀고, 모의고사를 봐왔는지도 모른다. 조직문화 기출문제를 만들어 준 수많은 담당자와 구성원이 흘린 욕받이 무녀 수준의 피땀을 위해서라도, 우리는 기출문제의 모범답안과 오답지를 잘 활용해야 한다.

조직문화는 담당 부서에서 만든다?

• • •

인터뷰 때 인사 포지션 지원자에게 많이 들었던 질문 중 하나가 조직문화에 대한 것이었다. 시트콤이었다가, 막장드라마였다가, 기업 정치극에서 명랑 일일극까지 곡절 많은 직장 생활 덕분에 업무 스펙트럼이 꽤나 넓었던 나는 남부럽지 않은 다양한 업종과 직무를 경험했다. 어디에선가 누군가에게 무슨 일이 생기면 반드시 나타나는 홍반

장 못지않은 업무 영역을 경험했기에 햇수를 더할수록, 왜 인사 포지션 인터뷰 때만 그 질문이 나오는지 궁금해졌다. 내가 경험한 어떠한 포지션이든 조직문화를 만들어가는 데 정도의 차이는 있어도 각자의 위치에서 각자의 방식으로 그 몫이 있었는데 말이다. 무엇보다도 조직 내에서 개인의 삶의 질과 성장에 가장 큰 영향을 준 건 단연코 조직문화였기에, 거기서 누군가 열외 될 수 있다는 사실에 점점 의문이 생겼다.

시작으로 돌아가 보자. '문화'의 의미를 하나로 정의하기는 쉽지 않다. 그러나 각기 다양하게 정의 내리는 문화라는 개념 안에는 물질적, 정신적인 것의 어떠한 총체적인 의미를 내포하고 있다. 그리고 이는 개인의 독단적인 정의가 아니라 관계 안에서의 산물을 뜻하고 있다. 개인이나 집단 안의 작은 유닛이 문화의 시작점이 되거나 문화를 주도할 수도 있지만, 그들만으로는 문화를 완성하거나 문화 그 자체이기는 힘들다고 본다. 이러한 관점에서 우리의 조직문화에 돋보기를 들이대면, 왜 이리도 삐걱거리며 노선을 이탈하고 처음 예상과는 다른 도착점에 다다르게 되는지 알 법도 하다.

조직 안에서 문화와 관련한 업무는 대개 한 부서나 담당자들의 몫이다. 주도적이든 탑다운 방식이든 간에 조직문화를 변화하기로 했다면,

담당 부서만 고민에 빠진다(많은 곳에서는 아직도 조직문화를 '변화시켜 보자'라고 말한다. '시킨다'라는 말에 이미 수동과 피동의 주체가 정해져 버리는 것이다). 기획자는 의사 결정자들의 취향, 시장의 최신성, 지식적 접근법 등을 조화롭게 재구성하여 내놓는다. 조직의 현실을 너무 반영해도 좋은 건 아니다. 현실을 고려할 때 '부적합하다', '어렵다'라는 의견은 위험할 수 있다. 이런 경우, 자칫 역량이 부족하고 소극적이며 부정적인 담당자로 낙인찍히기 쉽다. 기안은 몇 번의 반려와 고민들 속에서 구체화되고 매뉴얼화된다. 매뉴얼은 누구나 이해하기 좋도록, 되도록 빨리 적용할 수 있도록 고심하여 작성된다. 공표하고, 배포하고, 실행한다. 얼마간의 모니터링도 필요할 것이다. 모니터링을 통해 조금씩 다듬어 가면 된다. 자, 이제 우리는 첨단의 멋진 문화를 장착했다. 장착한 것 맞나? 이제 이것은 우리의 문화가 된 건가?

사실 이 정도로 고민하고 모니터링하여 피드백을 수렴하기만 해도 그 과정에는 많은 사람의 수고가 따를 것이다. 공식적으로 선포식을 하고, 홈페이지에 업로드하는 순간 우리 조직의 문화가 됐다고 생각하는 회사도 많다. 가히 임원 만족형 조직문화라 하지 않을 수 없다. 그러나 수고는 수고대로 하는데 중요한 것이 빠져버렸으니 안타까운 노릇이다. 슬프게도 현장에서는 '이렇게 열심히 노 저었지만 산으로 가는 경우'가 허다하게 발생하기 때문이다.

기획하는 사람, 실행하는 사람, 완성하는 사람이 모두 따로 있기 때문이다. 문화를 주도하고 생산할 구성원들이 빠져있으니 조직문화라는 단어가 무색할 지경이다. 이해 가고 공감 가는 우리의 이야기가 아닌데 어떻게 기획 의도대로 실행되고 완성될 수 있겠는가. 공표와 선언은 그것으로 끝나는 것이고, 현실은 여전히 그대로다. 변화가 있었다면, 문화라기보다는 프로그램이나 프로세스의 교체에 가까울지도 모른다. 모니터링을 통한 보완 역시 그 범주를 벗어나지 못할 것이다. 더 최악의 상황은, 이러한 과정에서 대외적으로 표방한 것과는 다르게 변화 없는 현실에 놓인 구성원들이 조직이나 담당 부서를 표리부동하다고 생각하며 불신이 깊어갈 수도 있다는 점이다. 그런 생각들은 이리저리 삐져나와 불편하고 부정적인 '진짜 조직문화'로 자리 잡게 된다.

기획하는 사람, 실행하는 사람, 완성하는 사람

• • •

조직문화 접점에 있는 업무를 담당하는 부서는 그 안에서 조직문화를 만들어내고 실행하고 완성하는 부서가 되어서는 안 된다. 그보다는, 다양한 방법으로 구성원의 진실된 목소리를 끌어내고, 귀 기울여 청취하고, 분별력 있게 효과적으로 재조합하여 방법론을 제시하는 부서여야 한다. 그러기 위해서는 개인이 좀 더 목소리를 내주어야 한다. 조직의 목소리와 신념의 주체는 각각의 '내'가 되어야 한다. 나와 너의 생각이 합하여 우리가 원하는 '우리'의 모습이 만들어질 때 구성원이 주도적으로 변화관리를 가능하게 하고 공감하는 문화가 실현될 수 있다.

모두를 위한 조직문화를 만들고, 안착하게 하고 싶다면 특정 담당자나 부서가 아니라 모두 함께 고민하고 이야기를 나누어야 할 것이다. 모두가 궁금했고, 답답했고, 외치고 싶었고, 필요했던 이야기를 모두의 시선에서 나눈다면 멋진 답을 찾을 수 있지 않을까.

촉을 믿지 마라,
직장은 철학관이 아니다

#1

인터뷰를 마치고 나오면서 마케팅 팀장은 이번 사람으로 꼭 정했으면 좋겠다고 한다. 더 볼 필요도 없단다. 또 시작이다. 예정된 후보자 모두 인터뷰를 진행한 후 면접관들의 인터뷰 결과지를 취합하여서 결정해야 한다고 마르고 닳도록 얘기해도 또 이런다. 결국 내가 같이 일할 사람 아니냐며, 자기 감은 틀린 적이 한 번도 없었단다. 딱 느낌이 온단다. 그렇게 감이 틀린 적이 없다면서, 절차도 무시하고 대표님을 조르고 졸라 입사시킨 대리는 왜 한 달 만에 사고 치고 잠적했나요. 그 때문에 우리가 또 이 절차를 되풀이하고 있지 않나요. 이분, 인터뷰만 참석하면 매번 이런 식이다. 팀장 점수 반영되는 비율이 가장 높으니까 의견은 충분히 반영될 거라며 기계적인 미소를 지어 보이고 돌아섰다. 이러다가 딱 감이 오는 저 사람을 놓치면 어쩌냐는 애타는 말과 함께 덧붙이는 말이 뒤통수에 메아리친다.

"나, 촉 되게 좋은데!"

어쩌란 말이냐.

#2

인사평가 기간이 되면 가이드를 수정하고, 설명회를 하고, 자료를 취합하고…. 이보다 더 번거로운 상황은 취합한 자료들을 검토하고 난 이후 발생한다. 연초에 목표를 설정할 때부터 지금까지 그렇게나 설명하고 또 설명하고 피 토하도록 설명했던 평가 기준들이 깡그리 무시된 자료들을 받아 보면 난감하고, 기운 빠지고, 뒷수습 걱정이 한 가득이다. 평가자 잘 만나 누구는 좋은 평가를 받고, 편파적인 평가자로 인해 누구는 평가가 바닥이게 할 수는 없다. 평가 수준의 편차를 줄이는 것은 인사평가에서 강조하고 밑줄 그어야 하는 부분이다. 그래서 그토록 정성 들여 정기적으로 설명회를 가지고 교육을 하고 다른 프로세스에도 연계시켜가며 강조했건만, 요주의 인물들은 매번 똑같다. 어떤 평가자는 모든 피평가자에게 죄다 중간 점수를 줬고, 어떤 평가자는 죄다 최고 점수를 준 경우도 있다. 누구 하나 맘 상하게 하고 싶지 않은 황희정승 출동이다. 어차피 돈 안 드는데 점수라도 후하게 주자고 한다. 가장 인식 변화가 어려운 평가자들이 '감' 좋은 사람들이다. 영업1본부의 평가 점수가 가장 낮은 D차장은 본부 내 실적의 대부분을 담당하며 일 처리가 깔끔하여 누구라도 같이 일하기를 원한다. 성실한 태도에 털털한 성격까지 겸비하여 따르는 후배들도 많고 위아래 할 것 없이 인기가 많다. 누가 봐도 영업1본부의 핵심이었다. 그런데 평가 결과는 왜 이럴까. 평가자에게 무슨 미운 털이 박혔나. 평가자 면담을 통해 돌아온 대답은 어이가 없다. 항목별로 기준에 미달한 부분들을 조목조목 함께 짚어보니 도저히 이런 평가가 나올 수가 없었다. 결국 평가자가 실토한 진실은 따로 있었다. '느낌을 따랐다', '감이 그렇다', '언젠가 꼭 한번 사고 칠 거다', '성과도 분명히 다른 꼼수가 있었을 거다'. 헛웃음이 나오는 걸 꾹 참으며 감정적인 추측 말고, 최대한 팩트에 기반한 재검토를 요청했다. 그래도 계속 앵무새처럼 같은 말을 되풀이한다.

"나, 이런 거 촉 되게 좋은데."

어쩌란 말이냐.

#3

한 달 동안 현장실사 다녔던 사무실 이전 대상지들의 비교 차트를 오늘 마무리했다. 입지 조건, 인테리어 비용, 직원 만족도, 시장 접근성, 관리 편의성, 비용 손익분기점 등등등등등, 엄청나게 다양한 변수들을 고려하고 비교 분석하여 정리를 마무리했다. 기존 업무들은 변함없이 소화해 내면서 줄자 들고 직접 뛰었고, 직원 요구 사항들도 반영하며 이전 대상지를 물색했던 시간이 파노라마처럼 스쳐 지나간다. 야근은 밥 먹듯, 수시로 불시에 진행되는 미팅들, 걸어 다니며 모바일로 급한 업무를 처리하고, 사무실에 쌓여 있는 업무는 퇴근 이후부터 시작인 날들의 연속이었다. 그래도 이렇게 정리한 자료들을 보니 뿌듯하고 후련하다. 내일 아침에 대표님께 보고하고 결재만 받으면 끝이다. 물론 본격적 이전 준비는 또 다른 시작이겠지만, 결실을 보게 될 거라는 생각에 기대된다. 그런데 나는 지금 대표님께 무슨 말을 듣고 온 건가. 얼토당토않은 위치에 말도 안 되는 비용에 터무니없는 공간의 매물을 가계약하셨단다. 당최 견적 나오지 않는 그곳에 우리 인원과 집기를 어떻게 꾸역꾸역 넣을 것이며, 반영하지도 못할 직원 요구 사항들은 왜 취합하게 해서 업무적 신뢰를 떨어지게 만드는 걸까. 무엇보다도 나는 한 달 동안 뭘 한 걸까. 무슨 대단한 메리트가 있기에 결정했는지 사실 궁금해할 기운도 없었지만, 여쭸다. 감이, 감이 딱 왔단다. 그 공간에 들어서는 순간 그림이 그려지고 감이 딱 왔단다. 탈탈 털려 빨랫줄에 널린 빨랫감 같은 나에게 한 마디 더 보탠다.

"나, 이런 데 촉 좋아요."

어쩌란 말이냐.

뭐가 문제란 말인가. 이번 승진 대상자였던 팀원 L은 승진 연한도 되었고, 승진 필수 요건인 자격증도 작년에 취득했고, 심지어 인사평가 점수까지 좋다. 다른 경쟁자도 없으므로 특별한 일이 없는 한 승진은 걱정하지 않아도 된다고 했는데 어제 축 처진 어깨로 내게 와서 하는 말이, 승진이 어려울 것 같다고 한다. 왜 그러냐고 물어도 술이나 한잔 사달라니. 친한 인사팀장이 넌지시 알려 준 바로는 본부장님이 강하게 반대하는 것 같단다. 내 팀원의 일이니 손 놓고 있을 수만은 없다. 그것도 성실히 일 잘하는 팀원인데. 이러다 멀쩡히 일 잘하는 직원이 퇴사하겠다고 하는 거 아닐까 걱정이다. L은 과장될 깜냥은 아니라는 본부장님을 며칠째 설득 중이다. L의 각종 성과와 고객 평가, 현재 맡고 있는 업무의 범위와 양, 그 외 자료들로 설득을 하려 해도 그냥 아닌 것 같다는 이유를 이길 논리가 없다. 오랜 경험상 이런 감이 틀렸던 적이 한 번도 없다고 한다. 성격테스트와 적성테스트까지 들고 가서 내가 보장하겠노라고 설득한 끝에 겨우 긍정적으로 재검토하겠다는 답변을 받았다. 방문을 나서며 본부장님이 나지막이 중얼거리는 소리를 들었다.

"나, 이런 데 촉 좋은데…."

어쩌란 말이냐.

데이터의 효과적 활용,
이성과 감성의 조화로운 결정

• • •

이 정도면 다들 인사동 어딘가에 자리 펴고 앉을 기세다. 아니면 거리에 줄 선 사주카페라도 한자리 차지하고 앉아도 되겠다. 책상 위에 노트북 펼쳐 놓고 각종 모바일 기기로 일하면서 제발 '촉' 찾고 '감' 찾지 말란 말이다. 직장은 철학관이 아니다. 물론, 데이터로만 모든 것을 판단할 수는 없다. 그러나 데이터는 합리적 판단에 가까이 갈 수 있는 정보를 제공한다. 합리적 추론이 가능하도록 돕고, 리스크를 줄일 수 있으며, 누구나 수긍할 수 있는 객관적 근거도 제시한다. 분배하고 예측하고 선택할 수 있게 도와준다는 말이다. 조직을 운영하면서 엄청나게 많은 데이터를 쌓고 쌓아가며 분석하고 가공하고 취합하고 재조합하는 이유가 바로 여기에 있다. 그저 서버 안에 넣어두거나, 예쁘게 철하여 책꽂이 장식하기 위해 반복되는 작업이 아니란 것이다. 우리는 이 방대한 데이터를 명민하고 효과적으로 활용해야 한다.

그리고 이것을 더욱 유효하게 만들기 위해서는 이성과 감성 어느 한쪽으로 치우치거나 한쪽이 간과되지 않는 조화로운 판단이 더해져야 한다. 데이터를 바탕으로 한 날카로운 이성과 마음으로 귀 기울이는 따뜻한 가슴이 함께 필요한 이유다. 그런데 말이지, 촉 운운하는 사람

대부분은 '똥촉'이더라. 그런 사람들은 내가 처음 볼 때부터 알아본다니까. 나, 촉 되게 좋아.

나도 조직도, 서로 잘 맞는지
따져 보는 일을 두려워 말자

인공지능에 뉴스를 물어보며 아침을 시작하고, 70대 조부모와 10대 손자가 SNS로 소통하는 이 시대에, 나는 경악할 만한 수준의 질문 하나를 인터넷 카페에서 접했다.

"작년 말에 퇴직했어요. 경력이 있긴 해도 짧아서 사실 신입에 가깝다고 해야겠죠. 그런데 운이 좋게도 다음 주부터 새 직장을 다닐 수 있게 되었어요. 면접을 보고 바로 모레부터 출근하라는데, 너무 좋아서 정신이 없는 바람에 집에 와서야 연봉을 물어보지 못했단 생각이 들었어요. 그래서 내일 여쭤보려고 하는데 혹시 회사에 실례가 되지는 않을까 싶은 마음에 여기 계신 선배님들께 여쭤봐요."

    내가 지금 뭘 본 거지? 눈을 끔벅이곤 한 글자 한 글자 꼭꼭 씹어가며 다시 읽었다. 세상에나. 이 해맑은 사회 초년생에게 안타까움과 동시에 화가 나는 복잡한 심경이 되었다. 도대체가 수많은 기관과 프로그램에서 이력서 쓰는 법은 알려 주면서 이런 걸 알려 주는 사람은 없었던 건가? 인터뷰 때는 어떻게 입는지, 웃는지, 대답하는지만 익혔나 보다. 장기밀매단에 사기 취업을 당하더라도 취업률만 높아지면 되는 건 아니잖아? 그렇게 들어가는 곳이 꽃길인지 지옥길 입구인지는 알고 가야 할 것 아닙니까! 더욱 경악할 만한 것은, 현업 선배들의 진심 어린 조언(댓글)들이었다.

> "일단 양해를 구하고, '단순히 궁금해서 그러는데 괜찮다면 연봉을 알 수 있는지' 물어보세요."
> "걱정된다면 입사 첫날 근로계약서 작성하면서 자세히 설명해 줄 테니 그때 물어보면 되죠."
> "출근을 결심하셨다면 굳이 물어보실 필요 없을 거 같아요."

    여긴 어디고, 나는 누구인가. 마음이 아팠다. 다들 어떤 조직을 다녔고, 어떤 조직에 몸담고 있는 거죠? 네? 왜 자신들의 당당한 권리를 이야기하지 못하는 건가. 그것은 무례하지도, 뻔뻔하지도 않은 일이다. '연봉'을 물어보는 일이 구구절절 양해를 구해야 하는 상황인지 모르겠다. 더구나 계약서를 작성하며 물어보라니. 상식적으로 생각해 보자. 물건을 살 때 일반적으로 계산대 앞에서 카드 결제 사인을 하면서 가격표 확인하는 사람은 없다. 위와 같은 일련의 상황을 만든 조직이 계약서를 과연 '제때' 작성할지부터 의문이다. 생각보다 많은 답변이 위와 같았다는 것이 더 마음 아프고 속상했다. 일반 게시판도 아닌, 현업 종사자가 대부분인 인사 전문 카페의 게시판이어서 더욱 그랬다. 이것이 지금껏 많은 근로자가 처한 현실인가, 더욱더 노력하여 달려가야 할 현재인가.

　도의적이고 합리적인 결론은 이렇다. 연봉과 처우는 입사 전에 합의되어야 한다. 혹시라도 조직의 정책에 따라 협의 및 합의 과정이 생략되었다고 하더라도, 입사를 통지하는 시점에 채용 예정자에게 당연히 알려줘야 할 정보다. 당사자 역시 여러 요건을 고려하여 입사 여부를 결정할 권리가 있으므로 알려 주지 않은 것을 의아하게 여겨야 한다. 개인의 당연한 권리이니 예의를 갖추어 당당하게 확인하면 된다. 이를 불쾌하게 여긴다거나, 부정적인 피드백을 주는 조직이라면 입사 후에 다른 부분에서도 불합리한 점이 다분할 수 있다. 묻지도 따지지도 않고 누구나 가고 싶어 하는 꿈의 직장이라면 모르겠지만(하물며 그런 조직은 이미 어느 정도 정보가 시장에서 공유되며, 대부분 합리적인 절차에 따른다). 당당하고 예의 있게 자신의 권리를 궁금해하고, 알고, 누리는 개인이 일에 있어서도 꼼꼼하고 책임감 있는 경우를 많이 봤다. 조직 역시 마찬가지다. 당연한 하나를 지키지 않는 조직은 당연한 대다수의 것을 무시하며 그것을 부끄러워하지 않을 경향성이 높다. 선을 아는 사람이 선을 지킬 수도, 지켜 줄 수도 있는 것이다.

어떻게든 눈에 들어 입사라는 결승지점을 반드시 통과하는 것만이 중요한 지원자나, 당장 부족한 인력 충원에만 다급한 면접관은 실수와 실패를 하고 만다. '어떤 곳'이 아니라 '아무 곳이라도'를 선택한 지원자는 본인의 선택이 불러온 결과를 스스로 감내해야 할 것이다. 다급한 선택자의 입장으로만 인터뷰에 임한 면접관은 조직이 나아가고자 하는 문화를 함께 만들 적합한 인재 영입에 실패하게 될 것이다. 이것저것 다 따지면 어떻게 밥벌이를 하고, 어떻게 조직을 꾸려나가냐고 반문할 수도 있다. 산 좋고 물 좋고 경치도 좋은 곳을 찾으라는 말이 아니다. 적어도 개인이나 조직의 신념과 관련한, 타협할 수 없는 몇 가지 핵심이 같은 결인지 정도는 확인하라는 말이다. 만약 그것을 포기하고 결정한 선택이었다면 곪아가는 조직문화에 대해서 온전히 회사 탓만으로 돌릴 자격은 없다.

실패하는 인터뷰어, 실수하는 인터뷰이

• • •

채용 인터뷰는 일방적으로 어느 한쪽이 다른 쪽을 판단하며 선택하거나, 선택받기만 하는 자리가 아니다. 회사와 내가 같은 곳을 바라보며 갈 수 있는지를 서로 확인하는 자리이며, 그 길을 가기 위해 서로의 나침반을 가늠하고 파악하는 시간이기도 하다. 조직과 개인이 가진 조직문화에 대한 이해도와 방향성, 수준 역시 확인할 수 있는 중요한 자리이다. 특히, 조직 입장에서는 내부에서의 무수한 노력보다 현명한 채용을 통한 인재 영입이 기존 문화를 재조정하며 변화를 가져오기 위한 보다 확실한 한 가지 방법일 수 있다. 책상 하나를 두고 마주 앉은 인터뷰어와 인터뷰이가 바로 그 조직의 문화를 만들어 갈 사람이므로, 채용 인터뷰는 지향하는 조직문화에 얼마나 신속하고 올바르게 안착할지가 정해지는 시작점이다. 그들의 선택에 따라 조직문화의 그림도 바뀌어 갈 것이다.

물건 하나를 사더라도 성능과 가격을 비교 검색하고 따져 보면서 사는 현명한 소비자가 시장 내 제품의 품질과 가격의 경쟁 구조에 순효과를 가져온다. 이처럼, 건강한 조직문화를 지향한다면 우리는 현명한 인터뷰어와 인터뷰이가 되어야 한다. 제대로 확인하지도 않고 덥석 만나 '오래오래 행복하게 살았더래요'라는 것은 동화 속 엔딩일 뿐이다. 우리 서로 잘 맞는지 꼼꼼히 확인하자. 오래오래 행복하기 위해서.

조직문화 변화의 효과적인 지원군, 입·퇴사자를 잡아라

제로 상태에서 무언가를 새로 만들어가야 할 때의 막막함은 모두가 알 것이다. 시작도 끝도, 뚜껑도 바닥도 없는 삼차원의 공간 안에서 뭔가를 만들어가야 할 때. 무엇으로 채워야 할지, 어떻게 채워야 할지, 시작은 어떻게 해야 할지. 점 하나만 찍어주면, 선 하나만 그어주면 어떻게든 뻗어나갈 텐데. 손끝은 허공에서 하염없이 헤매고, 가슴은 고구마 먹은 팍팍함으로 꽉 막힌다.

새로이 무언가를 만드는 일보다 더 막막한 것은 매뉴얼 없이 엉망진창 아수라장이 된 자료를 받아 들고 수정을 해야 하는 경우일 것이다. 자료의 인과관계를 모르기에 어디서부터 잘못되었는지 알 수 없고,

오류도 규칙이 있을 텐데 아무리 벗겨도 심지가 없는 양파와 같이 자꾸만 나오는 오류들은 신비로울 뿐이다. 결국 이 자료를 만든 사람의 논리 세계에 경의를 표하기에 이른다. 이 상황에 맞닥뜨려 본 사람은 격한 공감의 끄덕임을 할 것이다.

기존의 조직문화를 변화시킨다는 것은 아마 이런 일일지도 모른다. 어디서 시작되었는지 모를 고착된 문제들, 파도 파도 끝없이 변주되어 나타나는 폐습의 인과관계들, 불규칙하게 이어져 있는 오류의 알고리즘. 어쩌면 이전의 것들은 싹 다 쓸어 담아 버리고, 새롭고 멋지게 단장하고 싶은 생각이 들지 모른다. 그러나 이것은 낡은 집 단장을 새로 하는 일도, 헤어진 애인의 흔적을 지우는 일도 아니니 그럴 수는 없다. 변화가 필요한 현재 상황을 만든 기존 구성원들이 분명 지금 여기까지 올 수 있는 기반을 만든 공헌자일지도 모른다. 새로운 것에 대한 거부감과 습관화된 익숙함으로 기존 구성원들은 '굳이'라는 말을 앞장세워 변화를 두려워할 수도 있다. 변화에 자발적으로 용기 있게 다가서도록 하는 동기부여가 필요하다. 이때, 이들을 품고 함께 변화관리를 해 나가기 위한 최적의 지원군은 바로 입사자와 퇴사자이다. 그들을 놓쳤을 때 지원군을 잃는 것만이 아니라, 무수히 많은 적을 양산할 수도 있기 때문이다. 그런 입·퇴사자들을 잡기 위해서는 온보딩과 오프보딩에 진정성과 최선을 담아야 한다. 온보딩과 오프보딩의 중요성은 오리엔테이션과 퇴직 면담에 많은 시간과 노력을 투자했을 때 어떠한 변화와 효과가 있었는지, 한 스타트업의 실제 사례에서도 볼 수 있다.

S사는 스타트업에서 자리를 잡아가는 7년 차 조직이다. 어느 정도 입지를 다져가면서 제법 모양새를 갖추어가고 있었다. 적어도 엉망진 창 막장은 아니다. 그러나 구태의연하고 제자리걸음이다. 효과적이지 도 효율적이지도 않다. 외형은 성장하는데 내실은 발전이 없다. 변화 가 필요하다. 이것이 그 조직의 결론이었다. 그러나 대부분 성장을 말 하면서도 구체적인 움직임에 있어서는 소극적이었다. 변화와 발전은 좋지만 그것이 지금, 내가 되니 너무나 번거롭게 여겨졌다. 다들 싫다 고도 좋다고도 하지 않았고 개진하기도 귀찮아했다. 지금의 변화는 영원한 차순위였다. 이런 상황에서 인사 담당자가 선택한 방법은 두 가지였다.

첫째, 신규 입사자 오리엔테이션을 통한 가치 공유와 확산이었다. 오리엔테이션은 반드시 신뢰성을 담보로 한 전문 인력으로 진행했고, 핵심가치와 조직문화에 대한 부분은 가장 강조하여 중요하게 전달했 다. 오리엔테이션이 주는 전형성과 참여자가 신규 입사자라는 특성상, 내용 대부분이 긴장과 낯섦으로 망각의 우물에 퐁당 빠지게 된다는 점을 기억했다. 그래서 담당자는 '단 하나만은 꼭 기억하게 하자'라는 의지를 오리엔테이션 프로그램의 진행 포인트에 반영했다. 가장 중요한 메시지를, 가장 기억에 남을 시간으로 배치하여 그것만은 기억해 줄 것을 강조했다. 그것은 바로 우리가 함께 바라봐야 할 가치, 함께이기 위해 지켜야 할 태도와 매너, 문제 해결 방법에 대한 방향성 제시였다. 공감이 어렵거나 이해가 부족한 부분을 Q&A를 통해서 충분히 해결해 주는 데 집중했다. 결과는 점진적이지만, 확실했다. 새로 함께하게 된 구성원들의 대다수는 공감하고 기억해 주었으며 조직 생활 전반에 적용하고자 노력했다. 협조와 개진을 통한 개선에 적극적인 모습을 보였다. 시간이 갈수록 조직의 규모가 커지면서 신규 입사자는 늘어갈 수밖에 없었고, 변화의 파이는 점점 커져만 갔다. 변화를 어려워하던 기존의 구성원들은 두 가지 중 하나를 선택할 수밖에 없었다. 긍정적인 변화를 수용하며 나도 함께 변화해가든지, 이러한 변화가 맞지 않다면 도태되어 이탈하든지. 자연스럽게 모두가 공유하는 같은 방향으로 발맞춰가는 흐름이 큰 물줄기가 되었다. 조직이 중요시하는 가치에 대한 공유와 조직문화 전반의 분위기 쇄신은 이미 진행되고 있었다.

둘째, 퇴직 면담을 통한 '날 것'의 진술한 모니터링이었다. 놀랍고도 안타까운 현실이지만, 생각보다 많은 조직이 입사자에게는 정성을 다하지만, 퇴사자에게는 그렇지 않다. 함께하겠다고 할 때는 어깨동무에 파이팅을 외치며 그렇게 다정하더니, 떠나겠다 하는 그 순간 야누스의 얼굴처럼 반대쪽을 보이는 것이다. 소위, 화장실 들어갈 때와 나올 때의 모습이 다르다는 게 그런 걸까. 입사는 분명 단계를 밟아가며 문을 열고 들어왔으나, 퇴사는 절차랄 것도 없이 방을 빼는 기분으로 나오는 사람들이 부지기수다. 적절한 퇴사자의 권리나 정산에 대한 설명도 없다. 이런 분위기의 조직은 인사부서가 누군가의 퇴사를 최후의 순간에 인지하게 되는 경우가 많으므로 사실 제대로 된 절차를 퇴사자에게 안내할 시간조차 없는 안녕일 수밖에 없다.

S사의 인사 담당자는 입사 절차만큼이나 공들여 퇴사 절차를 만들었다. 퇴사를 알리는 순간, 퇴사의 사유에 대해 깊이 있게 확인했다. 충분한 확인 끝에 새로운 꿈을 향해 가는 결정에 아쉽지만 진심 어린 축하를, 우리와 맞지 않는 누군가가 더 행복할 수 있는 어딘가에서의 미래를 펼치기를 응원했다. 그리고 다음 단계로 완벽한 퇴사 절차를 안내했다. 기존 구성원에게도 업무에 불안감이 없도록 인수인계를 독려했다. 퇴사 예정자는 본인에게 남아있는 법적 권리와 의무에 대해 이해하고 행사할 수 있는 충분한 설명과 문서를 제공했다. 퇴직 면담을 통해서 조직의 장점과 개선점에 대해 이성적이고 객관적이며 구체적인 조언을 구했고, 이를 문서화했다. 형식적인 답변이 되지 않도록 진

정성을 가지고 면담을 이끌었다. 남은 동료들과 몸담았던 조직을 위한 진실된 피드백을 요청했다. 물론, 정성 들인 퇴사 절차를 제공받은 퇴사 예정자는 본인이 느꼈던 만큼 최선으로 피드백해 주었다. 그것은 재직자들에게 듣기에는 한계가 있는, 조직 변화의 방향성을 잡는 소중한 데이터가 되었다.

온보딩과 오프보딩의 중요성

• • •

이미 마음 떠난 퇴사자의 퇴직 면담이나 설문지에 진심이 없는 이유는 떠나고 나서야 본인을 힘들게 했던 부분이 변화되어서 조직이 발전하는 걸 바라지 않기 때문이라는 얘기를 들은 적이 있다. 씁쓸한 현실이다. 각종 기업평가 사이트에서 '이제 퇴사한 마당이니 뭐 어때'라며 올라온 글들을 심심치 않게 확인할 수 있었다. 조직 역시 퇴사 예정자를 '이제 나갈 사람인데 뭐 어때'라고 대응한다면 딱 그만큼의 피드백을 받을 뿐이다. 퇴사 절차가 공정하고 합리적이라고 느끼며, 나의 권리를 위해 최선을 다한다고 생각되면 대부분 본인의 의무와 책임에 마지막까지 최선을 다해 주기 마련이다. 입사의 모든 과정 역시 마찬가지일 것이다.

입사자와 퇴사자는 모두 우리 조직의 잠재적인 고객이라고 봐야 한다. 아름답지 못하게 조직에 들어오고 조직을 나간 사람 중 대다수는 수많은 '바이럴' 재생산자가 될 것이다. 그것이 좋은 쪽일지 나쁜 쪽일지는 굳이 확인하지 않더라도 명백한 일이다. 첫인상의 선입견에만 갇혀서도 안 되지만, 그럼에도 첫인상은 강력한 한방이 될 수 있다. 그 강력함을 긍정적인 방향으로 옮기는 것이 서로를 위해 현명하다. 불쾌한 시작을 상쾌하게 마무리하기란 더 큰 노력이 드니까. 떠난 자리가 아름다워야 하고, 헤어지는 뒷모습이 멋져야 진짜다. 조직 내에 야반도주하거나 지저분하게 빈자리가 많아지고, 멱살잡이만 하지 않았지 '다시 보지 말자 퉤퉤퉤' 정도의 헤어짐이 잦아지면 그 조직은 급하강하고 있다고 봐도 좋다.

온보딩과 오프보딩을 간과하고 후순위로 미루겠다면 그 선택 역시 존중한다. 그렇지만 이것은 기억하길 바란다. 지금 그 선택으로 변화에 다가가기 위한 좋은 조력자 한 명을 포기하게 되었다는 점이다. 또한 그는 언제라도 변화의 반대 입장에서 가장 앞에 서 있는 사람일 수 있다. 지금 그 선택으로 조직의 장단점을 가장 솔직하게 얘기해 줄 수 있는 사람을 한 명 잃게 된 것일 수 있다. 지금 그 선택으로 조직이 올바른 방향으로 나아갈 개선점 하나를 더 잃게 된 것일 수 있다.

지긋지긋하게
뻔한 얘기가 옳다

"개인이 가치 있는 조직은 존중으로부터 출발한다."

중요성, 유용성, 값어치, 의의, 진가, 의미. 어떤 식의 가치이든 간에, 스스로 가치 있다고 여기고 주위로부터 나의 가치를 인정받는 것은 조직 생활을 하는 데 있어 매우 큰 의미이다. 누군가는 인정욕구, 누군가는 생계, 누군가는 자아실현, 누군가는 다른 무언가를 이루기 위해서 조직의 구성원이 된다. 그럴지라도 앞서 말한 모든 것은 가치 인정에서 가지를 뻗을 수 있는 것들이다. 조직에서 나를 얼마나 가치 있게 바라봐 주는가, 내가 이 조직에서 어떤 가치인가 하는 부분이 유능한 인재들이 조직을 떠나거나 새로운 조직에 합류를 선택하는 결정적 이

유인 것을 보아도 그 의미를 짐작할 수 있다. 각자 영역의 가치를 인정 받고 서로 인정해 주면서 구성원들은 업무적 자존감을 가질 수 있고, 이는 조직을 건강하게 성장시키는 원동력이 된다.

　그러한 가치의 인정은 어디에서 오는가. 높은 직급과 엄청난 연봉? 이는 가치를 인정하면서 파생되는 결과물이다. 시작은 '존중'이 아닐 까 싶다. 직급과 연봉은 존중 없이도 따라올 수 있지만, 존중하더라도 여건에 따라서 높은 직급과 연봉은 따라오지 않을 수도 있다. 존중尊重 은 높이어 귀중하게 여긴다는 뜻이다. 이는 물질적인 결과로만 나타 나지 않는다. 의식하지 못하는 일상적인 말과 글, 태도에 녹아 있다. 출 근길 엘리베이터에서의 시선, 주고받은 업무 공유 메일, 탕비실에서 나누는 짧은 농담, 의자 뒤를 지나가며 던지는 한 마디, 출입문 앞에서 마주친 시간 곳곳에 존중은 포진해 있다. 존중은 대단한 공력을 가지 고 학문에 정진해야 장착할 수 있는 것이 아니다. 함께 사는 사회에서 사람이 사람을 대하는 당연한 도리라서 표준행동 양식을 여기서 일일 이 나열하는 것도 우스운 일이다.

　앞서 말한 직급과 연봉이 개인을 높이어 귀중하게 여기는 태도를 바 탕에 두고 진행된 결과물인 경우를 생각해 보자. 존중이 바탕이 된 조 직은 규모가 크든 작든 간에 보상에 대한 이해가 형성되어 있을 확률이 높고, 미래의 보상에 대한 믿음을 공유할 가능성 또한 높다. 대부분 존중 없이 따라간 직급과 연봉은 개인의 기대치에 못 미치기 마련이라 만족하지 못하는 경우가 많고, 보상에 대한 신뢰가 없으니 현재의 작은 것에 급급하게 되며, 결국은 불만으로 되돌이표를 그린다.

이를 자칫 조직 입장에서 좋을 대로 해석해서는 곤란하다. 물리적 보상보다 가치 인정의 중요성에 무게를 둔다는 말은, 기본적인 보상 조차 간과한다는 의미와는 다르다. 이윤에만 집착하여 구성원들을 거대한 기계의 부속품으로 생각하는 것이 아니라 함께 성장하고 가치를 이루어가는 일에 큰 의미를 두는 조직이 있다. 존중하는 문화 속에 열심히 일했지만 성과가 나오지 않아 회사가 어려워지자, 설명이 뒤따르지 않는 일방적 연봉 삭감과 사전에 양해를 구하지 않은 지속적인 급여 체불이 발생했고 사방에서 불만이 들려왔다. 불만의 목소리를 듣게 된 CEO는 서로를 독려하며 걸어온 시간과 그들에게 보여준 마음까지 부정당하는 것 같아 역정이 났다면, 이제껏 조직이 얘기해왔던 가치 인정과 존중의 의미에 대해 심각하게 다시 생각해 봐야 한다. 직장이라는 존재가 가지는 기본적인 의무인 '급여'에 대한 약속의 불이행은 크고 중요한 미션을 위해서라는 미명하에 일방적 희생과 이해를 강요할 수 있는 대상이 아니다. 존중하고 인정한다면, 더 큰 가치라는 이름으로 포장해서 지속적인 연봉 동결로 사람을 갈아 넣지 않는다. 존중을 바탕으로 한 인정이 중요하다는 말이 곧, 물질적 보상이 의미 없다는 말은 아니다.

존중이 바탕이 되지 않은 조직이 구성원에게 걸러질 수 있는 구멍은 꽤 있다. 앞서 이야기했듯, 입·퇴사자 프로세스는 좋은 거름망이 된다. 입사 전에는 지원자를 대하는 태도를, 입사 후에는 퇴사 예정자를 대하는 태도를 보면 알 수 있다. 입·퇴사자도 조직의 잠재 고객인데, 그들을 존중하지 않는 조직이 구성원인들 얼마나 존중할까? 이런 조직에 발을 담그게 된 이후의 모습은 불을 보듯 뻔하지 않을까. 존중하는 문화의 성숙도는 그 조직이 직무로 일을 하는지, 직급으로 일을 하는지를 봐도 알 수 있다. 직무 영역에 대한 존중이 성숙한 조직일수록 R&R^{Role & Responsibility}이 명확하다. 엄연히 주어진 역할이 있고 그에 따른 책임과 권한이 있을 텐데도 직급의 높낮이에 따라 일이 처리되거나, 직급으로 규칙 따위 얼마든지 눌러버릴 수 있는 일상이라면 존중과는 거리가 먼 조직이다.

반말을 친근감처럼 조직의 장점으로 내놓는 곳도 있다. 거짓말 같지만 정말이다. "아이, 참. 형 누나같이 좋구나."라고 받아들이는 쪽에서 이해해 주어야 가능한 일이지, 반말을 내뱉은 사람이 본인의 의도로 판단할 사안이 아니다. 그렇다면 카페에서, 마트에서 직원에게 다짜고

짜 반말하는 사람들도 다 그런 의미라고 우길 수도 있지 않겠는가. 합의되지 않은 무례함을 친근감으로 포장하기보다는 기분 좋은 거리두기의 불편함을 택하는 조직이 되길 권한다.

사람은 누구나 존중받기를 원한다. 참으로, 뻔하게, 모두, 다 알고 있는 이야기다. 뻔하다는 것은 변함없고 늘 이야기되어 와서 새로울 게 없다는 의미다. 그만큼이나 오랫동안 지겨울 정도로 반복됐다는 건 그만큼 당연하고, 그렇게 못이 박히도록 얘기해도 간과하기 쉬우며, 여전히 잔소리할 만큼 지켜지지 않는다는 것이기도 하다. 존중의 기준선도 때로는 배워야 알 수 있다. 그러나 의외로 조직 내 교육 체계를 정립할 때 간과되는 경우가 많다. 같은 문화를 공유하는 구성원으로 함께하기 위해서, 약속된 존중의 기준에 대한 가이드도 반드시 고려되어야 할 항목이다. 직급이나 연차가 교양과 존중의 능력치를 레벨업해 주는 것은 아니라서 이는 직무 교육만큼이나 중요하게 고려되어야 한다.

가치와 존중의 이야기는 비단 서로를 대하는 시각과 태도에만 국한되지는 않는다. 조직에서 맡은 수많은 업무 가운데 중요시했거나 어려웠던 일들이 무엇이었냐는 질문을 자주 받는다. 빼놓지 않고 상위에 언급했던 것이 바로 구성원들이 자신과 일에 대한 가치를 스스로 다잡도록 하는 부분이었다. 업무적 자존감 유지는 조직의 구조나 문화, 함께하는 구성원 등 환경적 요인에 의해 침해당하기 쉽다. 몇 명의 힘으로 쉽게 바꿀 수 없는 부분이다. 그러나 바뀌지 않는다고 손 놓고 잠식당해서는 안 된다. 각자의 가치를 스스로 놓게 되면 뭉게뭉게 순식간에 피어난 부정의 시너지는 손쓰기 힘들어진다. 각자를 위해서도, 전체를 위해서도 꼭 붙들어야 하는 부분이다.

개인의 가치는 존중으로부터 출발한다

• • •

존중이라는 개념이 없는 사람에게는 이를 알려주어야 한다. 좋은 건 나눠야 하니까. 상대방의 자존감을 침해하는 사람들은 때로 계도해 주어야 한다. 불의는 응징해야 한다고 어릴 때부터 무수한 히어로가 교훈을 주지 않았던가. 존중받지 못해서 도움이 필요한 사람 중에는 본인 스스로도 반드시 포함시켜야 한다. 의외로 자신이 존중받지 못할 때 나만 참으면 그만이지 하면서 한발 물러서는 사람이 많다. 이를 덕목처럼 여기는 교육을 나 역시 받아왔다. 하지만 존중받지 못한 사람은 도와줘야 한다. 인내하고 감내하는 것만이 미덕이 아니다. 그것이 나일지라도 말이다.

존중받고 싶다는 표현은 많이 들어봤는데, 존중하고 싶다는 표현은 낯설다. 엄마가 예전에 자식들에게 늘 하셨던 말씀이 있다. "너희 각자가 밖에서 사고 안 치고 다니면, 네 오빠가, 동생이 밖에서 사고당할까 걱정 안 하고 다닐 수 있어."

내가 먼저 존중하자. 존중하고 싶어 하자. 그리고 그 존중하고 싶은 대상에는 나도 포함시키자. 내가 나를 존중해야 남도 나를 존중한다. 모두가 그러할 때 나는 이미 존중받고 있다.

나도 뜨겁고 싶습니다

　　동기부여란 타인이 제공하기도 하지만, 스스로 해내야 한다고들 말한다. 틀린 말이 아니다. 타인이 제공하는 동기부여는 여건, 환경 등의 소스이다. 이를 자극제 삼아 동기부여를 하는 것은 결국 자신이다. 자기 동기부여란 옆에서 누가 지속적으로 자극을 주고 도와주지 않더라도 목표와 욕구를 달성하기 위해 스스로 독려하는 것이다. 삶을 주도적으로 설계해 가기 위해서도 필요하다. 그런데 '자기 동기부여'란 단어를 '자기최면'과 은근슬쩍 혼용하여 이용하는 경우가 종종 있다. 치사하게 자기 동기부여인 척 슬쩍 끼어 한자리를 차지하려는 자기최면은 '열정페이'를 착취하기 위한 수단으로 많이 쓰인다.

동기부여가 되려면 동기를 북돋을 수 있는 소스가 있어야 한다. 그러나 모든 것은 마음먹기 따라 다르다고 말하면서 동기부여를 독촉하는 조직이 있다. 우리가 직장을 다니는 이유는 분명 그곳에서 무언가를 얻기 위해서다. 심심하고 무료하여 시간이나 때우려고 재능 기부를 하는 것이 아니라면, 왜 아무것도 내게 자극이 되지 못하는 상황에서 굳이 마음을 다르게 먹고 동기부여를 해야 하는가. 왜 동기부여를 못하는(안 하는) 사람에게 한심하게 혀를 차며 독촉해댈까. 가만히 들여다보면 비난하는 그들이 하는 말은 동기부여라기보다는 이너피스를 중얼거리며 참을 인을 마법진처럼 계속 그리는 자기최면에 가깝다. 아무것도 얻을 것 없는 이곳에서 스스로 채찍질하며 최면을 걸어야 하는 이유도 알지 못한 채 말이다.

#1

'성장하려면 시도도 해 보고, 실패도 해 보고 그러는 거지 젊은 사람들이 왜 이리 열정도 없이 소극적이고 의존적인지 모르겠다'라고 이사님은 늘 얘기한다. 떠먹여 주는 밥만 먹으려 한다나? 나는 왜 그런지 아는데, 이사님은 왜 그런지 모를까. 시도, 많이 해 봤다. 처음에는 우리도 의욕을 가지고 눈 반짝이며 고민도 하고, 밤새 시키지도 않는 보고서를 만들어서 새로운 의견들을 제안해본 적도 있다. 씨알도 안 먹히고, 바늘 하나 안 들어갔다. 돌아오는 대답은 대부분 고려해보겠다는 말뿐이었다. 매번 렉 걸린 기계처럼 영혼 없이 똑같은 대답만 돌려받았다. 업무에 새로운 방식을 시도해 보았다. 지금의 나는 그때의 나에게 쓸데없는 짓 그만두라고 도시락 싸서 따라다니며 말리고 싶다. 새로운 시도는 백이면 백 와장창 깨졌다. 바쁠 때 왜 시키지도 않는 짓이냐, 이제껏 쭉 해 오던 것은 그만한 이유가 있지 않겠냐. 해 보라며, 얼마든지 응원하고 지원해 줄 테니까 해 보라며! 칭찬은 바라지도 않았다. 문제점이라도 짚어줘야 할 것 아닌가. 그럴 때 돌아오는 대답이, 실패도 해 보라고? 뻔히 보이는 예정된 실패가 누구 때문이었는데. 그 실패가 얼마만큼의 파장을 몰고 오는지 수차례의 경험으로 결론 내렸다. 실패는 더는 해 보는 게 아닌 걸로.

요즘은 '그냥 조용히 사는 게 영리한 것이다'라는 분위기가 직원들 사이에 지배적이다. 그러다 보니, 배경음악처럼 계속 듣는 말은 자기 동기부여가 부족하다는 소리이다. 어린애도 아니니 누구로부터 동기부여되는 것이 아니라 스스로 동기부여를 해야 한다고 말한다. 이 조직에 동기를 부여할 만한 것이 눈 씻고 찾아봐도 없는데, 무슨 동기부여? 그건 자기기만이고 자기최면이다. 나는 나에게 그렇게까지 가혹해지고 싶지 않다.

#2

오전 9시 전에 출근하지 않으면 열정이 부족하단다. 6시 넘어서 엉덩이를 들썩여도 열정이 부족하단다. 이사님보다 늦게 출근해서 이사님보다 빨리 퇴근해도 열정이 부족하단다. 그맘때는 집에 누워도 샘솟는 아이디어로 얼른 출근이 기다려져야 정상이고, 열정 쏟아 일하는데 퇴근 시간을 어떻게 그렇게 칼같이 아느냐고 한다. 학원 다니느라 일주일에 이틀, 정시에 퇴근한 것이 그렇게도 눈에 거슬렸나 보다. 퇴근 이후에 학원이 아니라 무도회장을 간들 무슨 상관인지. 이럴 거면 출퇴근 시간은 왜 만들어서 계약서에 넣어 사인까지 한 건지 알 수 없다.

오늘은 이사님이 내게 포토샵 작업을 맡겼다. 나는 카피라이터인데. 일손이 바쁘니 디자이너 업무를 좀 도와주란다. 바빠서 그러니 이사님 본인이 관리하는 계약서 리스트를 대신 정리해 달라고 파일 던져준 게 어제였습니다만? 바쁘다더니 아침에 커피 마신 종이컵 받치고 손톱 깎을 시간은 있으시더군요. 어차피 마케팅팀 업무니 거기서 거기 아니냐, 요즘 젊은 사람들은 포토샵 다 할 줄 알던데, 이제껏 그것도 안 배우고 뭘 했냐, 열정이 부족하네⋯. 열정 부족 반복 무한루프의 저주라도 걸린 것 같다. 아, 나는 부족했구나. 쥐어짜도 열정이 나오지 않는다. 이미 짜고 짜서 더 나올 것 없는 나는 너덜거린다.

사람이 나간 지 두 달이 넘었는데 적당한 사람이 없으니 조금만 기다리란다. 심지어 퇴사 예정자가 6개월 전부터 퇴사 의사를 밝혀서 후임을 뽑아 달라고 요청했는데. 어쩌다 보니 옆자리라는 이유로 급하게 인계받아 임시로 하던 업무가 이젠 내 본업보다 많을 지경이다. 퇴사한 사람이 다시 인수인계하러 올 일은 없고, 아마도 그대로 내 몫이 될 듯하다. 내가 인수인계해도 상관없으니, 누가 되었든 후임이 오기만 하면 좋겠다. 채용 공고는 마감된 지 꽤 된 것 같은데 감감무소식이다. 오늘은 도저히 안 되겠다 싶어 아르바이트라도 뽑아달라고 이사님께 이야기했다. 요즘 같은 세상에 일할 곳이 있고, 배우면서 경력을 쌓을 곳이 있다는 것 자체가 얼마나 큰 축복이냐고 한다. 이번 기회에 새로운 업무를 마스터해 보란다. 이거, 그냥 나한테 떠넘길 모양새다. 일하면서 배우는 축복은 나만 받는 게 아니라 이사님도 받고 있거든요. 그래서 그 축복 누리시려고 매일 유튜브 보면서 저녁 먹고 퇴근하는 건가요. 이대로는 곤란하다.

자기동기부여를 가장한 '열정페이' 착취

• • •

이사님이 바라보는 '그들', 요즘 사람들은 개인의 삶만 중요하고, 그래서 '워라밸'이 중요하고, 조직의 일은 차선일 수밖에 없는, 나는 하나도 손해 보지 않으려는 셈법을 가졌다. 성장을 위한 노력이나 동기부여도 없고 열정도 보이지 않는다. 그러나 사실 그들은 그렇지 않다. 각조직의 주축을 이루는 곳에 포진된 현세대는 그 어느 때보다 자아실현과 인정욕구가 강하다. 자립적이며 스스로 인정받고 성취해내기를 원한다. 배울만하고 닮을만한 합리적이고 전문성 있는 교과서를 원한다. 내 일을 잘 해내고 싶고, 성장 욕구도 강하다. 나의 선택보다는 정해진 수순을 따를 상황이 더 많았던 이전 세대들보다 훨씬 주도적인 열정이 있다. 자기 동기부여라는 단어 뒤에 숨어서 그들의 열정페이를 착취해선 안 된다. 내 열정을 지불하고라도 얻고 싶은 그 무엇이 있을 때 자기 동기부여는 가능하다. 스스로 지갑을 열어 열정페이를 지불할 것이다.

자원으로 생각하면
수단으로 전락한다

과거로 거슬러 올라가면, 실은 나도 그랬던 적이 있다. 사무실 안에서는 진짜 내가 없었다. PPT 잘 만드는 나, 엑셀 고급함수 잘 쓰는 나, 자료 취합 정리 잘하는 나, 마감에 맞춰 보고서 작성 잘하는 나, 계약 서류 잘 만드는 나. 내가 아니라 누가 해도 조금 더 잘하고 조금 덜 잘하는 차이지 누구나 할 수 있는 일, 내가 없으면 잠깐 곤란해질 수는 있어도 곧 누군가가 메꿀 몫, 딱 그만큼의 도구로 인식되던 나인 적이 있었다. 나는 언제나 수치로 환산될 수 있는 재료였고, 나를 뺀 곳에는 비슷한 수치의 누군가를 대체하면 됐다. 조직에서는 가성비가 더 좋은 새것이 있다면 바꿀 용의가 충분하고, 세상은 넓고 부품은 차고 넘친다고 생각하는 듯했다. 나 자체가 그저 그 부분을 담당한 스킬이고, 테크닉이었다. 조직의 미션과 그림이 있을 뿐이지, 나라는 개인의 생각과 취향은 중요하지 않았다. 나사들은 그 안에서 자기 자리만 지키면 됐다. 오차 없이 돌아가는 컨베이어벨트의 부속품 같은 느낌이었다.

그러나 오후 6시 정각의 초침이 넘어가는 순간, 진짜 내가 되었다. 하고 싶고, 보고 싶고, 느끼고 싶고, 배우고 싶고, 즐기고 싶은 나. 진짜 내가 원하는 것에 가까워지는 나. 그것을 위해 나는 기꺼이 9 to 6의 시간 동안 성실히 내 몫을 해내는 '도구'가 되었다. 그리고 나도 그 직장을 나의 자아를 실현하기 위한 경제적 수단으로 사용했다. 딱 그만큼만 말이다. 더 잘해주면 좋겠지만, 조직에서 원하는 나도 딱 그만큼의 존재였다. 더 잘하고 싶은 마음도 없었다. 내가 조직에서 받는 몫만큼 내 자존심과 책임감이 허용하는 범위 안에서의 최선만을 다하고 싶었다.

여전히 많은 의사 결정권자는 결국 숫자가 모든 것을 말해준다고 생각한다. 자본주의 사회에서는 숫자로 모든 것을 결정하고, 숫자에 의해 움직일 수밖에 없다고 말한다. 자연히 큰 숫자 이면에 숨겨진 이야기는 뒤로 밀려난다. 따라서 그 숫자가 과연 공정하고 올바른 것인지도 뒤로 밀려난다. 숫자의 자릿수만큼 얼마나 많은 것이 간과되고, 갈려 들어갔는지 생각하지 않는다. 우리는 NGO 단체도, 사회적 기업도 아니므로 숫자로 얘기할 수밖에 없다고 한다. 너희를 먹여 살리고 있는 것도 결국 숫자라고 한다. 구성원들을 숫자를 매기고, 숫자로 판단한다. 그것이 가장 합리적이라 생각한다. 그러다 보니 가장 작은 숫자를 투입하여 가장 큰 숫자를 도출해내는 데 매몰된다. 대차대조표에 모든 것을 올려놓고 판단하게 된다. 가장 기름을 적게 먹으면서 오래 달릴 수 있는 자동차, 같은 시간을 사용해도 가장 적은 전기를 사용하는 에너지 효율 1등급의 가전제품. 어느새 우리는 그것과 유사하게 판단된다. 싸고 성능 좋은 새 제품은 시장에 계속 쏟아지니 얼마든지 갈아치울 수 있다. 여전히 많은 의사 결정권자는, 결국 숫자가 모든 것을 말해준다고 생각한다.

물론, 숫자는 중요한 많은 것을 말해준다. 그러나 모든 것을 말해 주지는 않는다. '많은 것'과 '모든 것' 사이에 누락된 것은 '중요한 것'이다. 그럼에도, 계속 정량적 시각으로만 의사소통하고 판단하기를 멈추지 않는다면 조직 역시 숫자로 평가당할 것이다. 구성원들은 작은 숫자 하나에도 갈대같이 흔들리며 언제든 등을 돌리게 될 것이다.

HR은 일상적으로 통용되는 고유명사라 사용하지만, 개인적으로 'Human Resource'라는 단어를 선호하지는 않는다. 사람을 '자원'이나 '재료'로 바라보는 관점이 조직문화를 고민하는 입장에서는 그다지 유쾌하지 않기 때문이다(이미 한 업무 영역을 지칭하는 사회화된 언어이므로 사용하지 말아야 한다는 것은 아니고, 개인적 소회다). 어쩐지 '대우'를 받는 것이 아니라 '취급'을 당하는 느낌이 들어서 씁쓸하다. 기계는 취급하지, 대우하지 않는다. 아무리 비싸고 성능 좋은 보물단지 같은 기계라도, 기계를 대우하지는 않는다. '취급주의'일 뿐이다. 사내 문화의 평점이 유독 낮은 조직들에서 발견할 수 있는 구성원들의 공통된 의견은, '취급'받고 싶지 않다는 것이다. 언제든지 새것을 사서 갈아 끼울 수 있는 부품으로 보고, 개당 산출할 수 있는 숫자로만 판단한다면 구성원들 역시 같은 마음으로 조직을 바라볼 것이다. 언제든 떠날 수 있고, 때가 되면 떠나야 하는 곳이고, 진심과 열정을 다 할 필요가 없는 곳으로 말이다.

Human Resource, 자원 대 수단

· · ·

누군가는 요즘도 먹고사는 건 예전이나 별다를 바 없다고 할지 모르겠다. 그러나 가능한 내가 하는 일에서 자아를 찾고 싶어 하는 경향이 우세해진 지는 꽤 되었다. 생계유지나 퇴근 이후 진짜 나의 꿈을 이뤄주기 위한 경제적 수단으로만 직장에 소속되기보다는, 조직 생활을 하면서 나의 신념과 가치를 이루기를 원한다. 조직 안에서도 내가 있고, 내가 행복한 일을 하고 싶어 한다. 조직 안에서도 행복하고 싶어 하는 욕구가 더욱 강해졌다.

그런데 여전히 많은 조직이 그러한 구성원들을 불편해한다. 개인의 목소리를 내기보다는 회사의 목소리를 따라 줬으면 한다. 직장인이라면 다른 무엇보다 조직이 우선되기를 바란다. 사소한(?) 사적 일정보다는 급작스럽게 발생한 업무라 해도 일 처리를 우선하는 것이 책임감 있는 태도라고 생각한다. 개인의 신념은 전체의 목표를 위해 잠시 접어두는 것이 미덕이다. 개인주의적인 사고는 조직 생활에 맞지 않다. 조직이 살아야 개인이 산다고 말한다. 자원으로 생각하면서 자원이 충성을 다하고 영혼을 불태우기를 바라는 건 코미디다. 구성원을 자원으로 생각하면, 조직도 수단 취급받는다. 조직을 생계유지의 수단으로만 여기는 구성원들이 모인 조직은 미래가 없고, 사업의 자원으로만 취급받는 행복하지 못한 개인들이 모인 조직의 발전은 장기적으로 유지되기 어렵다. 부품은 시장에 많다. 또 갈아 끼울 수 있다. 부품은 최선을 다하지도 않을 것이고, 지불한 값 이상의 결과도 성의도 의무도 보여주지도 않을 것이다. 심지어 불량품도 있을 것이다. 그러니 아마도 계속 갈아 끼워야 할 것이다.

필수 요소 삼형제의
연결고리

● 　　　내 자식이지만 지독히도 공부하지 않을 때, 부모들은 다양한 훈육 방법을 동원한다. 좋은 말로 타일러 보거나, 한 인격체로 존중하며 설득하거나, 관심 가질 만한 것으로 딜을 하거나. 하지만 모든 부모가 득도한 수도자는 아니므로, 언성을 높이거나 체벌이라는 정해진(?) 차례로 넘어가기도 한다. 이런 훈육에 단골처럼 따라오는 문구가 있다. "다 너 잘 되라고 그러지!" 그러나 자녀들은 이런 말이 귀에 들어올 리 없다. 잘 되라고 그러는 것 같지 않다. 부모의 틀에 맞춘 나로 만들려는 욕심인 것 같다. 정말 잘되기를 바란다면 내 생각을 듣고 내 현실부터 파악해야 하는 것 아닌가 싶다. '내가 겪어봐서 아는데,

이 길이 옳아'라고 말하는 부모와 제멋대로인 것만 같은 자식, 이제 무엇을 하든 이 생각의 차이가 좁혀지지 않는 한 모든 것이 부정적으로 연결될 뿐이다. 신뢰가 무너져 버린 것이다. 서로를 바라보는 인식이 개선되지 않는 한 공부가 제일 쉬웠다는 어떤 이의 교수법과 교재를 자녀에게 들이민다 한들, 성적이 오를 리 없다. 족집게 과외 선생님을 모셔와도 마찬가지일 것이다. 검증된 고퀄리티 프로그램이 제공된다고 해도 왜 해야 하는지 모르겠고, 할 생각도 없는 자녀에게는 무용지물이다. 이 모든 환경을 제공해 줬는데도 성적이 오르지 않는 게 부모로서는 알 수 없을 뿐이고.

앞의 예시를 조직문화에 대입해볼 수 있다. 한 조직에서 문화의 변화를 유도할 때 고려할 요소는 크게 시스템, 프로세스, 구성원의 인식이 있다. 같은 미션과 비전을 공유하는 구성원들이 합리적 시스템과 명확한 프로세스를 통해 나아갈 때 조직문화가 긍정적으로 변화할 가능성이 크다. 이 세 가지 요소는 개별적으로 존재한다. 특히 시스템이나 프로세스를 물리적 프로그램의 도입과 시행일 뿐이라고 생각하는 경우도 많다. 그러나 세 가지 요소는 부분집합도 됐다가, 전체집합도 되는 등 모양을 바꿔가며 유기적으로 관계를 가진다. 시스템이나 프로세스가 덜그럭거리며 오작동 중이라면 가장 먼저 점검해야 할 점이 구성원들의 인식이다. 나머지 두 가지를 갖추는 데는 긍정적 인식이 먼저 중심이 되어 바탕색을 메꾸어야 한다.

스타트업의 경우, 조직이 틀을 잡아가며 우리만의 것을 만들어가기 시작하는 단계에서 흔하게 발생하는 이슈가 있다. 구성원 간의 불협화음이다. 기성 조직의 패착을 답습하지 않기 위해서 의기투합하여 현실에 맨몸으로 뛰어든 그들인데, 왜 합의되지 않는 방향성으로 인해 불만의 목소리가 커지게 된 걸까? 구성원들이 불합리하고 비효율적인 현재에 매몰되어 있다고 답답해하는 목소리들을 자세히 들여다보면, 다들 더 나은 조직이 되었으면 하는 바람은 같은 경우가 많았다. 목적지가 다른 곳이 아니라 선호하는 길이 다르다 보니 다른 목적지를 향하고 있다고 오해한 것이다.

중견기업 이상인 경우, 먹고살기 바빠 이제껏 미뤄왔던 것들에 눈을 돌리게 된다. 그러다 보면 잘 짜인 패키지를 벤치마킹하는 일이 흔하다. 카탈로그나 쇼룸에 잘 꾸며진 패키지나, 마네킹에 코디 된 풀 착장에 혹하여 그대로 구매하게 되는 우를 범하기 쉽다는 의미이다. 나의 라이프스타일이나 체형이 고려되지 않은 선택은 그저 불편하고 어울리지 않는 실패한 쇼핑이라는 결과로 귀착되기 쉽다. '왜' 하는지에 대한 인식 개선 없이 무조건적인 물리적 환경의 도입은 실패한 쇼핑처럼 실패를 부를 수 있다. 시스템과 프로세스의 직접 사용 주체는 사람이므로, 구성원들의 인식 변화 없이는 아무리 좋은 시스템이나 프로세스라도 무용지물이 될 가능성이 크다. 새로운 시스템과 프로세스를 도입 · 정립 · 안착시키기 위해서는 그 목적과 이유에 대한 명확한 이해를 통한 인식의 개선이 선행되어야 한다. 인식 개선의 선행 없이 시스템이나 프로세스로 좋은 문화를 만들려고 한다면 생각과 현실의 괴리를 겪는다. 쉬운 예는 얼마든지 찾을 수 있다.

#1

내가 다니는 직장은 올해부터 연월차 사용이 무제한이다. 자유다. 그러나 그건 옆 부서 이야기이다. 나에겐 그림의 떡이란 말이다. 우리 본부장님은 인턴 휴가까지 관여한다. 금-월 휴가는 언감생심, 꿈도 꾸지 못한다. 본부장님 말로는 그건 직장인의 기본자세가 아니란다. 뭔가 본인의 논리는 있는 듯한데, 그게 뭔 논리인지 모르겠다. 그러나 이거 하나는 알겠다. 이 제도를 승인한 대표님은 직장인의 기본자세가 안 돼 있던 거구만. 일주일 전부터 점심 식사하며, 차 마시며, 오다가다 운을 띄워놔야 간신히 휴가를 쓸 수 있다. 휴가 기안 올린 그날부터 일주일 내내 왜 들어야 하는지 알지도 못하는 직장인의 자세에 관한 훈계를 귀에서 피나게 들어야, 하루 전날 겨우 승인받는다. 지나간 애인들도 나를 이렇게 애태우지 않았건만, 쥐락펴락 '밀당'의 고수다. 해외여행 한번 가려면 최저가 티켓팅 타이밍은 꿈도 못 꾼다. 그저 좌석 남아 있을 때까지 어떻게 해서든 허락을 받아야 한다. 심장 쫄깃해지는 휴가 미션 덕분에 같이 여행 가는 친구들에게 나는 늘 죄인이다. 제도를 만들었으면 관리자 교육부터 시켜주면 안될까? 그게 어려우면 관리자 감시라도.

#2

우리 조직의 업무문화 쇄신이 올 상반기 내 목표다. 이를 위해 나름대로 많은 조사와 공부를 하고, 직원들 대상의 설문조사도 마쳤다. 조금 버겁긴 했지만 열심히 준비했다. 그러나 준비할수록 생각이 많아졌다. 현장의 소리는 견고한 벽이었다. 뭔가를 하자든가, 고쳤으면 좋겠다는 의견이 없었다. 여러 형태의 목소리를 종합하면 이렇다. '뭘 하든 아무것도 하지 말았으면.' 뭘 한들 생각이 달라지지 않는데 바뀌는 게 있겠냐는 또 다른 표현이었다. 열심히 취지를 설명했지만 반복되는 실망으로 조직에 대한 불신이 깊은 것 같았다. 나는 이 매듭을 어떻게든 풀어야 시작할 수 있다는 것을 먼저 대표님부터 이해시켜야 했다. 첫 번째 미팅을 마쳤다. 대표님은 이야기를 다 듣고, 본인이 이미 결정한 업무 공유 시스템을 도입하자고 했다. 내가 제기한 보고사항의 문제점들은 그 시스템들이 어느 정도 해결해 줄 거라고 했다. 불만들은 보상 시스템을 도입하여 해결하자고 한다. 뭘 하든 현장에서의 반응은 늘 그래왔으니, 강력한 추진이 필요하다고도 했다. 이제껏 뭘

들은 걸까? 우는 아이 손에 사탕 쥐여주는 것도 아니고, 왜 우는지부터 짚어보고 풀고 가야 하지 않나? 내 상반기 목표는 갈 길이 멀겠다.

시스템·프로세스·인식 변화

• • •

앞선 사례는 실제 눈으로 보고 겪은 일이다. 그 말은, 지금 어딘가에서 오늘도 이런 상황이 연출되고 있을 수 있다는 것이다. 앞의 사례들에서 누구도 목적 자체가 나쁘지는 않았다. 그러나 그 목적을 달성하기 위해서 생각하는 바가 달랐다. 왜 어떻게 무엇을 해야 하는지에 대한, 상황과 서로에 대한 인식의 차이가 너무나 달랐다.

조직은 늘 그래왔듯, 끊임없이 새로운 시도를 할 것이다. 그러나 여전히 서로를 불신한 상태에서 새로운 시도를 해봐야 '그래봤자'일 뿐이다. 새로운 시도에 대한 변화의 기대감이나, 실패를 레퍼런스로 흡수할 마음가짐 따위는 어디에도 없다. 이런 마음이면 몇 번의 시도라도 긍정적인 변화를 가져오기는 어려울 것이다. 늘 제자리면 다행이고, 시도할수록 마이너스만 쌓일지도 모른다.

알겠고, 그래서 인식을 바꾸기 위해 도입해야 할 시스템과 프로세스는 대체 뭔데?

도대체 왜
퇴사는 늘 첩보작전인가?

●   지난주 회의 때 협의된 수정안을 출근하자마자 개발팀 담당자에게 메일로 보냈다. 팀장님께 급하게 보고해야 할 건이라 빠른 피드백을 요청했는데 점심시간이 다 되도록 회신이 오지 않는다. 메신저는 로그아웃이다. 뒤통수가 따가우면서 싸늘하다. 이것은 사이클롭스에 빙의된 팀장님의 레이저 눈빛인가. 곧 개발팀 담당자를 직접 찾아가 봐야겠다.

점심시간에 이상한 이야기를 들었다. 개발팀 A대리가 퇴사한 듯하다는 것이다. 지난주까지만 해도 알콩달콩 회의도 같이 하고, 주말 잘 보내라고 인사도 했는데? 그게 영영 안녕이었던 거냐…. 메일 보낸 프로젝트 건은 어떡한다지. 먹던 밥알이 곤두선다.

개발팀 다녀온 후 머릿속이 새하얗다. A대리의 자리는 싹 치워져 있었다. 전화도 안 받는다. 우리 팀과 진행하던 개발 건은 누구에게 인계된 건지 개발팀도 우왕좌왕이다. 인사팀도 모른다. 8주 동안 같이 진행했던 내용을 언제 누구에게 어디서부터 설명하나. 각자 작업 중이던 자료는 모두 공유되었나. 당장 본부장님께 보고 들어가야 하는 자료는 어쩐다지. 팀장님께 뭐라고 하지. 담당자가 퇴사했다고 하면 '어이쿠, 그럼 당연히 하지 못했겠네.'라고 할 리 없겠지. 팀장님도 몰랐던 건가? 파티션 너머 나와 비슷한 반응을 보이는 사람이 몇 보인다. 전화는 왜 받지 않는 건데. 퇴사는 왜 했을까. 이렇게 갑자기. 왜. 왜. 이런 생각이 후광처럼 내 머리에 띠를 두르고 강강술래를 한다. 아, 몰라. 나도 퇴사해버릴까. 이러니까 퇴사하지.

경우 없이 어느 날 갑자기 사라진 A대리의 특별한 사례가 아니다. 간혹 어처구니없이 무단 증발하는 사람들이 있기는 하지만, 대부분 그런 사람들은 평소에도 다른 차원의 외계 생명체같이 행동하던 사람일 가능성이 크다. 어느 날 갑자기 그렇게 행동하는 사람은 의외로 많지 않다는 말이다. 단지 '어느 날 갑자기'로 둔갑시킬 뿐이지. 생각보다 많은 조직이 퇴사 의사를 밝히고 나면 그 이유가 무엇이 되었든 간에 공론화하기를 꺼린다. 퇴사는 나쁜 사람, 나쁜 일 아니면 나쁜 사람이 만들어 낸 나쁜 일이라고 생각하는 듯 보인다. 퇴사일 직전까지 소수의 관계자만 아는 기괴한 첩보작전이 진행된다. 도둑이 제 발 저린다더니 조직 스스로 퇴사의 빌미를 많이 준 것을 알기에 꽁꽁 싸매는 걸까? 왜 퇴사는 최후의 순간까지, 최대한 많은 사람에게 숨겨야 하는 일이 된 걸까?

몇 주 동안 잦은 외근으로 정신 못 차리다가 한숨 돌리고 나니 누군가가 보이지 않는다거나, 한동안 보이지 않던 건너 건너 부서의 직원은 외부 프로젝트를 나갔나 했는데 알고 보니 퇴사했다든가 하는 말을 심심찮게 들을 수 있다. '퇴사 미스터리 사건'은 궁금증을 낳고, 궁금증은 추측을 낳고, 추측은 소문이 된다. 별것 아닌 이야기인데도 데시벨을 한껏 낮춘 공기 반 소리 반으로 주고받는다. 분위기가 그러니 자꾸만 모서리 지고 그늘지고 구석진 곳에서 뭉게뭉게 퍼진다. '그런 것 아닐까'가 '그렇다던데'에서 '그랬었대'로, 구체적인 뼈와 살을 붙여 간다. 어느 순간부터 그 조직의 퇴사에는 조건반사처럼 음지의 뒷이야기가 따라붙는다. 조직 입장에서 나름의 이유는 이렇다. "퇴사 소식은 기존 직원들을 동요시키지 않을까?" 응, 아니야. 그렇게 퇴사를 처리해왔기에 직원들이 동요하는 거야.

신뢰를 무너뜨리고 뒷담화를 양산하는 가장 확실하고 빠른 방법은 정보를 공유하지 않는 것이다. 조직이 건강해지고 싶지 않다면 고이 고이 잘 덮어서 꼭꼭 다져 밟아 숨기거나, 시험 당일 새벽까지 베개 아래 깔고 잔 읽지 않은 참고서처럼 미뤄두면 된다. 확실한 방법임을 보증한다. 유관 업무자들이 인지하지 못해서 정리되지 않은 인수인계로 인한 업무의 혼재야, 기존 인력들이 알아서 어떻게든 처리하도록 두면 될 일이다. 어쨌거나 업무는 돌아가게 마련이니까.

　　내가 몸담았던 직장에서는 개인이 전체 메일로 퇴사 인사를 하는 절차가 있었다. 담당 부서의 공식적인 사전 공유를 통해서 진행되던 업무의 원활한 인수인계는 물론이고, 서로가 충분히 아쉬워하고 축하하는 시간을 가질 수 있었다. 그 모든 과정에서, 조직은 시간적·금전적 지원에 인색하지 않았다. 그 직장은 그러한 절차들을 모두가 정상적인 데시벨로 소통했고, 추측보다는 확인을 선택했다. 퇴사 결정 요인이 조직의 문제였다고 해도, 남은 직원들의 이와 관련한 궁금증에 솔직하게 대응했다. 문제 처리 과정과 앞으로의 방향도 공유했다. 사과해야 할 부분이 있었다면 그 역시 묵히지 않았다. 남은 직원들은 예상치 못한 한 직원의 퇴사로 인해 조직의 문제점을 인지하게 되었지만, 소문이 낳은 무분별한 동요는 없었다. 퇴사 당일까지 매일 남은 날들을 아쉬워하며, 인수인계자 모두 업무를 더욱 꼼꼼히 챙겼고, 직원들 사이는 더욱 돈독해졌다. 남은 직원은 조직에 대한 신뢰가 적어도 하나씩은 더 쌓였고, 떠나는 직원은 몸담았던 조직에 대한 좋은 기억이 적어도 하나만큼 더 쌓였다. 대단한 프로그램을 통해서가 아니라, 그저 퇴사를 정석대로 진행했을 뿐인데 말이다.

'저 퇴사해요!'
건강한 조직, 웃으며 공유하는 퇴사
• • •

건강한 조직은 웃으며 퇴사를 공유할 수 있어야 한다. 퇴사를 결정한 부분에 대해 내부에 문제가 있었다면 그 문제를 해결해야 한다. 물론, 그런 문제가 생기지 않도록 신중한 모니터링이 선행되어야 한다. 그로 인해 지금이라도 엉뚱한 누군가의 퇴사가 아니라, 내부 갈등 요소 해결로 그쳐야 한다. 현재의 조직이 줄 수 없는 메리트가 있어서 이직을 결정한 직원에게는 조직도, 구성원도 더 성장한 언젠가 다시 함께할 수 있는 기회를 기약하며 그간에 대한 고마움과 새로운 시작에 손뼉 쳐주면 된다. 투명하게 공개하여 적정한 시점과 정해진 절차 및 방법으로 공유하고 진행하면 된다. 퇴사하면 '두 번 다시 만나지 말자' 잠수 모드가 아니라, 또 다른 가치를 창출할 수 있는 업계 연결고리나 또 다른 곳에서의 지식을 공유하는 조력자로서 새로운 관계 형성을 지속하면 된다.

　잦은 이직이 더는 흠인 세상이 아니다. 이직이 잦으면 그 사람의 능력이나 성격적 결함을 의심한다거나, 이직률을 조직의 문제점을 나타내는 절대적 척도처럼 인식해서는 곤란하다. 요즘은 갈등이 아니라 각자 삶의 가치와 신념에 따라 움직이기도 하고, 직군의 특성상 이직을 통해 커리어를 만들어가기도 하며, 이런 직군들이 많이 분포한 업종이나 프로젝트 단위의 계약으로 사업을 영위하는 조직은 타 업종과 비교해서 이직률이 높을 수도 있다. 그것이 문제에 대한 절대적 지표로 보일까 봐 그저 감추기만 할 필요는 없다. 조직은 이제 더는 퇴사를 부정적인 '문제'로 인식되지 않도록 구성원들에게 명확하게 보여주어야 한다. 퇴사란 입 밖으로 발설하면 봉인 해제되는 어둠의 주문도, 볼드모트도 아니다. 아름다운 이별은 얼마든지 가능하다. 아름다운 이별은 더 멋진 재회의 기회를 준다. 진짜다.

Chapter 02

'내가 문제가 아니었어!'
도무지 이해할 수 없는
직장 빌런을 대하는 우리의 자세

불만은 나의 힘

　　그는 매번, 사사건건, 어떤 일이든 불만투성이다. 함께하는 동료들은 그를 껄끄러워하고, 많은 프로세스가 종종 그로 인해 일시 정지된다. 그가 속해 있는 모든 곳에 빨간불이 켜진다. 그는 정말 이 조직에 해만 입히는 사람일까? 내게 불편한 부분이나 단점이 있다면 도려내는 방법도 있지만, 다른 면을 생각해 볼 수도 있다. 입에서 입으로 세대를 아우르며 전해오는 말이 있다면, 그것은 정답에 가까이 데려다줄 가능성이 크거나, 적어도 한 번쯤 되새겨 볼 만한 아이디어를 줄 가능성이 크다. '전화위복', '실패는 기회다', '고통 없이 얻는 건 없다' 등을 머릿속에 되새기며 호흡을 가다듬고 생각해 보자. 과연, 그는 정말 이 조직에 해만 입히는 사람일까? 그를 정말 이 조직에 해만 입히는 사람으로 남겨둘 것인가.

　단점은 나를 성장시키는 촉진제가 되기도 한다. 체육인들에게 운동을 시작한 계기를 물어보면 '어렸을 때 너무 허약해서'라는 대답을 듣는 경우가 종종 있다. 눈이 불편한 분들 중 청각이 유달리 예민하게 발달한 분들이 있다. 내가 만난 시력을 잃은 어떤 분은 목소리가 반사되어 울리는 느낌으로 상대방의 신장을 유추한다고 말했다. 나에게 부족하고 불편한 점이 있다면 그것을 보완할만한 또 다른 부분이 남들보다 발달하게 되어 결국 장점이 되는 경우도 우리 주위에 무수히 많다. 조직의 단점이라고 생각했던 그들을 성장을 위한 동력으로 변환시킬 수 있다는 말이다. 발명품 중 다수는 사소한 불편을 충분히 참을 수 있는 평화로운 상황에서 만들어지지 않았다. 그 반대인 경우가 더 많다. 현재의 모습에서 단점을 수정하여 더 편리하고 이롭게 만들기 위해 나아간 에너지 덕분일 것이다. 불만을 불만으로만 대응하면, 그곳은 전쟁터가 될 뿐이다. 부정적인 에너지도 건설적이고 생산적인 결과를 위한 첫 단추로 사용할 때 긍정적인 원료로 가공할 수 있다.

　사소한 불편을 참고 묵묵히 자신의 자리를 지킬 때 거기서 발생하는 긍정적인 효과도 분명히 있다. 그렇다고 해서 작은 불편도 감수하지 않고 문제를 제기하는 것이 부정적인 결과만을 가져올까? 예스맨은 조직에 도움이 되는 구성원, 고개를 가로저으며 일어서는 사람은 바람직한 조직을 저해하는 구성원이라는 이분법도 섣부르다. 불만을 위한 불만들 하나하나까지 너무 과몰입하여 단 하나의 잡음도 없도록 완벽함을 추구해야 한다는 말이 아니다. 그 어떤 순간에도 세상과 본인이 잘못 만난 볼트와 너트처럼 뾰족하게 구는 사람까지도 모두 박애로 품어야 한다는 말도 아니다. 불만의 목소리를 귀담아듣다 보면, 여러 가지가 모이는 하나의 소실점을 발견할 수 있다. 본질적이고 구체적인 조직의 문제점에 훨씬 가까이 접근할 수 있다는 것이다.

변화의 엔진, '프로불만러'

• • •

불만러들도 단계가 있다. 불만의 요지에 타당성 · 보편성 · 합리성 · 논리가 많이 부여된 불만러일수록 불만 전문성이 높은 프로 단계에 위치한다. 그들은 구체적인 불만들을 조목조목 제시한다. 조직의 입장에서는 개선을 위한 도움을 받을 여지가 풍부하므로 까다롭지만 눈여겨볼 그룹이다. 그 반대쪽에는 그저 주관적 기준에서 헤집고, 뜯고, 뱉는 불만러도 있다. 그들은 가슴속이 그저 화로 가득 찬 물 풍선처럼 출렁대며 돌아다닌다. 그러다가 작은 모서리라도 만나면 뜬금없는 곳에서 터지고 만다. 어디에다 물벼락을 터트릴지 모르니 모두를 잔뜩 불편하고 긴장하게 만든다. 부정적인 기운은 부정적인 기운을 모으는지라 바이러스처럼 주위에 짜증과 불만이 퍼지게 된다. 어두운 기운이 가득 찬 조직이 된다. 이런 불만러들조차 조직에 이로운 조력자 역할을 할 때가 있다. 그들은 조직 내 물 폭탄 집단에 좀 더 유연하고 전문적으로 대응할 수 있는 레퍼런스를 쌓게 하고, 완벽한 대응 매뉴얼과 리스크 목록에 한 줄 보탬이 된다.

언제부터인가 우리는 비판적인 시각과 부정적인 에너지를 혼동하여 인식하고 사용한다. 고개를 가로젓거나, 불쑥 손을 들고 튀어나오거나, 조목조목 따지기를 잘하는 사람은 나쁘다고 말한다. 풀어나가는 방법에 문제가 생기기도 할지언정, 그 시각 자체가 틀린 건 아니다. "안 된다는 말은 우리 조직에선 금기어예요. 안 된다고 하기 전에 된다고 말해보세요. 벌써 반은 이루어진 겁니다. 부정적인 사람은 사절입니다."

말했다고 반이 이뤄지면 그건 마법이다. 도전은 아름답고, 용기는 위대하다. 하지만 안 되는 건 안 되기도 한다. 안 되는 걸 되도록 다시 재정비하려면, ○로만 밀고 나갈 것이 아니라 X를 인정하고 자세히 들여다보아야 한다. 그러기 위해서는 마음의 불편함을 조금만 거두고 우리 주위의 X 표시를 눈여겨보아야 한다. 끝없이 질문을 던지는 비판적 시각이 우리를 돌아보게 만들고, 현재의 완벽을 의심하게 만든다. 어제보다 좀 더 나은 오늘로 변화시키고, 오늘보다 좀 더 나은 내일을 생각하게 한다.

늘 그들이 문제였어!

●   베스트셀러《화성에서 온 남자 금성에서 온 여자》(존 그레이 지음/김경숙 옮김, 동녘라이프, 1993년)가 적어도 제목은 들어봤을 만큼 화제가 된 때가 있었다. 서로의 차이를 인지하고 다름을 받아들이자고 하는 내용이 책이 주고자 하는 교훈이었다. 그러나 이 책을 접하고 난 사람들은 원래의 의도와는 별개로 타인을 이해하기 위한 수단이 아니라, 자기합리화의 수단으로 종종 이용했다. '아, 당신은 그래서 그랬던 거군요'가 아니라, '역시, 나는 이럴 수밖에 없었던 거네'라며 자신을 향한 이해와 연민의 깊이가 동력을 얻은 것이다. 그동안 이해받지 못한 내가 너무나 안쓰러워졌다, 이제껏 나의 행동은 앞으로도 충

분히 그럴만하다 등 스스로 행동에 타당성을 부여함과 동시에 그것을 받아들이지 못한 상대의 옹졸함을 비난하며 시대착오적인 행동이라고 폄하하기도 했다. 책 표지에는 '남녀 간 차이를 통해 진정한 사랑을 일깨워주는 연애의 교과서'라고 적혀 있었지만, 우스갯소리로 부부싸움의 기술 또는 연애 파국의 지침서라는 말도 돌았다(이해하고 받아들이는 독자 개개인에 대한 단편적 예시일 뿐, 지금도 꾸준히 읽히는 훌륭한 책이다). 남의 눈에 든 티는 잘 보면서도 제 눈의 들보는 보지 못한다, 똥 묻은 개가 겨 묻은 개 나무란다, 잘하면 내 탓 잘못하면 남 탓 등 인간의 '내로남불' 정신을 표현하는 수많은 관용구는 세대를 관통해 전해진다. 이쯤 되면 인간에게는 남 탓하기에 특화된 DNA가 장착된 것이 아닐까 싶다.

조직 내 집체 교육을 하다 보면 참가자 중 꽤 많은 사람이 문제 상황의 예시가 나라는 생각을 절대 하지 않는다는 것을 확인할 수 있다. '저런 애들 꼭 있어.'라면서 와글와글 웃다가, 누군가와의 실전 배틀에서 사용할 논리적 근거를 하나라도 더 챙기려고 초롱한 눈빛으로 경청한다. 이건 내 얘기가 아니다, 내 경력과 역량은 충분히 조직 생활에서의 '애티튜드'를 인지하고 있으니 나는 예외라며, 그저 타인을 비난할 꼬투리를 하나 더 찾고자 한다. 심지어 문제의 분석이 아니라, 그저 이해를 돕기 위한 수단일 경우에도 예외 없다.

"MBTI를 하고 나서는 회의 중에도, 회식 자리에서도, 출근길 엘리베이터 안에서도 차장님은 제 유형을 지적하셨죠. 제 유형의 단점만을 지적하시며 '그것 봐, 그때 얘기한 거랑 똑같네'라고 하시죠. 차장님과 같은 유형이 나오지 않는 한, 제가 16가지 유형 중에 다른 어떤 유형이라고 해도 트집 잡을 이유를 찾으셨겠죠. 이번에는 몇 주가 될지, 몇 달이 될지 모르겠네요. 지난 워크숍에서 애니어그램을 진행했을 때도 그러셨거든요. 제발 이런 것 좀 하지 않았으면 좋겠어요. 별자리도 혈액형도 아니니 과학적 근거가 있다며 모든 걸 여기 갖다 붙이시는데⋯, 하."

그런데 이런 사람일수록 내 얘기가 아니라고 생각하고 있다가, 게임이나 테스트를 통해 저런 말을 하는 애들이 내가 되는 의외의 결과를 마주하게 되면 당황하거나, 화를 숨기지 못한다. 본인 빼고는 모두가 수긍하고 예상한 결과였는데도 말이다. 내 결과는 이해받기 충분한 근거이고, 타인의 결과는 비난하기 충분한 근거라는 생각을 가지기 때문이다. 모든 것을 이해하고 수용하자는 말이 아니다. 현실적으로 그럴 수도 없을 것이다. 그저 조금만 더 현명하게 서로를 배려하고, 영리하게 문제 해결에 도달하는 방법으로 접근해 보자는 말이다.

'우리 조직의 문제는 이거다!'라고 말하는 사람들의 이야기를 가만히 듣고 있자면, 그 안에 본인이 있는 경우는 거의 없다. 내가 속하지 않은 부서, 내가 속하지 않은 그룹, 나와 연계된 그룹일지라도 나는 그렇게 하지 않았는데 꼭 그렇게 행동하는 다른 사람만이 있을 뿐이다. 개선의 영역에는 내가 없고 늘 그들이 문제일 뿐이다. 그렇게 방향성을 잡고 문제 해결을 모색하다 보면 타인을 분석하여 비난하고 변화를 강요하게 된다. 당하는 입장에서는 '왜 나만?'이라는 생각이 불쑥 튀어나오고 만다. 다른 사람이야 어쨌든 간에, 내 문제에 집중하고 그것을 겸허하게 받아들이는 일 같은 건 애초에 글렀다. 억울하고 불쾌하며 자발적 동기부여 따위는 안드로메다로 날려버리게 되는 것이다. 문제를 해결하고자 시작한 일들이 더 큰 문제를 양산하게 만든 꼴이다. 또 이렇게, 멋들어진 악순환의 고리가 생성되었다.

개선의 영역은 내가 아니라
당신이라는 사고방식

• • •

변화관리의 우선순위 대상에서 나 역시 그러했을지 모르고, 당신 역시 예외일 수는 없다. 내가 변화 대상에 있을지도 모른다는 사실이 생각에 따라서 불편할 수도 있다. 그러나 변화관리 대상이 특별히 모난, 조직저해분자들이라는 말은 아니다. 누구도 완벽할 수 없다. 조직이 어떠한 것을 가장 우선시해서 변화하고자 하느냐에 따라서 나의 부족한 부분이 그 우선 대상일 수도 있는 것이다. 진짜 문제는 스스로 겸허하게 돌아보며 이성적으로 바라보는 시선이 없을 때 발생한다. 나의 모든 것에 연민 어린 타당성을 우선 부여하는 모습 말이다. 타인에게는 나노 단위의 잣대를 들이밀면서, 정작 스스로에게는 한량없는 관용의 미덕을 보이는 것.

어쩌면, 정말 나보다는 그들이 더 문제일 수도 있다. 그러나 내 마음 하나도 통제하기가 힘든데 타인을 바꾸기란 얼마나 더 힘들까. 상대적으로 더 쉽고 효과적인 방법이 있다면, 일단 시작은 그것부터 해 보는 것이 현명한 선택이지 않을까. 바로 내가 있는 이곳부터 바꾸어 나가는 것, 스스로 바꿀 수 있는 부분부터 개선해 나가는 것, 내가 바뀌는 것 말이다.

기본을 바란다면,
기본부터 제공하자

"많이 바라는 것도 아니고 딱 기본만이라도, 더도 덜도 말고 기본만이라

도 해줬으면 좋겠다니까요."

조직 생활을 해본 사람이라면 한 번쯤 생각하고, 들어봤을 법한 말

이다. 조직진단을 위한 집단 또는 개별 미팅을 하다 보면 서로가 서로

에게 갖는 생각이고, 조직이 구성원에게 원하는 바였다(의외로 구성원

이 조직에 대해 이런 생각을 하는 빈도는 상대적으로 낮았다. 사회가 많이 변

화했다고 생각했지만, 본인이 제공받아야 하는 '기본'이 무엇인지 인지하지

못하는 경우가 꽤 많았다. 그런 경험이 없기에 안타깝게도 당연한 기본적 권

리를 알지 못하는 것이다). 그런데 기본만 해 주었으면 좋겠다던 그 말도 자세히 들여다보면 기준치가 너무 높다. 우리는 스타트업이니까 또는 성장을 위해 높은 목표치를 가진 조직이니까 등 그 밖의 여러 이유로 구성원 각자가 그 이상의 몫을 해내야 한다고 말한다.

어느 별에서 통용되는 논리란 말인가? 내 주머니의 셈은 (내가) 좋은 것이 좋은 것이고, 남의 주머니의 셈은 공학 계산기로 계산한 소수점만큼이나 칼 같기를 원한다. 원하는 것에 대한 기준치는 높게 잡지만 갖추고 제공되어야 할 기본에는 소홀하다. 내 권리만 주장하는 건 논리 없는 떼쓰기와 다르지 않다. 자판기에 돈도 넣지 않은 채 음료가 나오지 않는다며 기계를 발로 쾅쾅 차고는 자판기의 의무를 다하라고 분노를 터뜨리는 것과 같다.

성장 속도만큼 땅을 다지고 뼈대를 세우며 차근차근 박자를 맞춰가면 좋으련만, 많은 조직은 그렇게 하지 못했다. 대개 자본이란 것이 도깨비방망이나 흥부네 박처럼 시의적절하고 운 좋게 뚝딱뚝딱 떨어지는 것이 아니다. 그런 경우 사업을 하는 누구나 그렇듯, 성장을 위해 투자해야 하는 만큼 자본이 넉넉하지 못할 때 사업을 키워 당장 오늘 먹고사는 일에 선택과 집중을 하게 된다. 그렇게 열심히 가다 보면 어느 순간 훌쩍 뛰어오르는 시기를 맞이하게 되고, 어느 정도 조직의 모양새를 갖추어 더는 플러스마이너스를 열 손가락으로 셈하는 구멍가게처럼 운영해서는 곤란한 시점을 맞이하게 된다. 투자를 받고, 시장성을 확보하고, 결과를 내고, 조직 가치를 높이고, 신나게 달려가다가 외형과 내실의 불균형을 감지하기 시작한다. 실은, 진작부터 인지하고 있었지만 외면했거나 바빠서 뒤돌아볼 여유가 없었다고 하는 게 맞을지도 모르겠다. 기간산업이 탄탄하지 못하면 장기적이고 지속적인 산업의 성장에 브레이크가 걸린다. 조직문화도 마찬가지이다. 이대로 쌓아 올리다가 '카드로 만든 집'이 될지도 모르겠다는 생각이 들었을 때는 이미 많이 늦는다.

짧게는 3년, 길게는 7년 이상의 업력을 가진 조직조차 구성원들이 취업규칙 열람이나 잔여 연차 안내에 대해 들어 본 바도, 그런 것을 요청할 수 있는지도 모르는 경우가 현장에서는 비일비재했다. 휴직이나 퇴사에 있어서도 정보에 접근으로부터 구성원들이 차단되어 철저하게 약자 입장에서 프로세스가 진행되는 일은 차라리 일반적이라고 할 수 있다. 조직이 비리나 탈세 등을 위해 의도하여 대단한 범법행위를 하려고 든 것은 물론 아니다. 기본을 갖추고 있지 않으니 하고 싶어도 구성원들에게 제공할 수 없던 것이다. 직원들이 매번 미안해하며 회사에 급여명세서를 요청하는 말도 안 되는 경우도 많다. 각종 법적 권리들이 아무렇지 않게 무시되고, 법은 있으나 보호되어야 할 사람들은 그 테두리 밖에 있었다. 기본들이 간과되고 무시되는 데에 무감하고 무지해져 있던 것이다. 조직은 해야 하는 건 알지만 '자잘한 것'에 눈 돌릴 시간이 없다. 결국 다 같이 잘 살자고 바빠 오다 보니 그런 것이다. 그 정도는 이해해 줘야지. 우리 조직은 내 일만 선 그어놓고 하겠단 생각을 하면 안 된다. 내 일, 네 일 구분 없이 올라운드 플레이어가 되어 일당백의 무게를 소화하는 것을 '기본으로' 본다. 지금은 구성원 각자에게 돌아가는 것이 없더라도, '인내'한다면 조직이 '성장'했을 때 반드시 '보상'이 따를 것이다. 왜 어떤 것은 '자잘한 것'이 되고, 어떤 것은 '기본'이 되는가. '중요한 것'과 '기본을 넘는 것'이 되어야 한다.

준만큼 받게 된다는 진실

• • •

기본은 중요하다. 크지 않은 덩치의 사안이라 해서 그 중요성도 작은 것은 아니다. 이해 주체는 구성원들인데, 조직이 스스로를 이해해 버린다. '작은 것'이 잘 갖추어져 있지 않은 조직은 그들이 중요하다고 여기는 것을 진행하려 할 때, 그 '작은 것'이 턱없이 부족하여 당혹스러운 상황을 곧 만나게 된다. 기본을 바란다면 기본은 해 주어야 한다. 기본도 제공받지 못하는 곳에다가 내 영혼을 털어줄 사람은 아무도 없다. 일당백을 원한다면 100을 주어야 1을 데려올 수 있다. 100을 줄 수 없다면, 100을 원하면 안 된다. 그것이 기본이다. 구성원들이 공동 투자 창업자의 마인드를 갖기를 바란다면, 그에 걸맞은 기본이 주어져야 한다.

스타트업의 경우 창업 이후부터, 조직을 탄탄하게 전략적으로 구조화시켜서 내적 성장과 외적 성장을 함께하려는 시도의 시점까지, 점점 그 기간이 짧아지는 것처럼 보인다. 투자금의 효과적 배분과 활용에 앞서 기술력을 향상하는 것만큼이나 조직의 체계적 성장에도 큰 부분을 두고 고민하는 것은 바람직한 조직문화 관점에서 볼 때 상당히 고무적이다.

준 것 이상으로 돌아올 수도 있다. 준 것보다 돌려받지 못 할 수도 있다. 그러나 바라는 만큼 주어야 나의 바람에 타당성이 부여된다. 기본만을 바란다면 기본만은 제공되어야 한다.

매력적인 내가 되어야
좋은 파트너를 만난다

●   멋진 배우자를 만나서 빨리 결혼하고 싶다는 말을 입버릇처럼 하던 동료가 있었다. 그에게서 업무 얘기보다 그런 것에 관련한 이야기를 더 많이 들었던 것 같다. 어쩌다 업무로 소통할 때도 그 끝에는 항상 좋은 사람 있으면 소개시켜 달라거나, 여담으로 분위기를 완화할 때조차 소재는 그 언저리 어딘가에 가 있었다. 그것도 본인의 가치관이고, 멋진 배우자를 만나서 빨리 결혼하는 것이 무언가의 차선이 될 만큼 쉬운 일이 아니므로 그 생각도 존중한다. 그렇다면 그는 본인이 생각하는 멋진 파트너들에게 충분히 매력적일 만큼 스스로 가꿔 나가는 사람이었냐면 그건 아니었다. 자신의 일에 무책임하고 무

능했으며 핑계가 많았고 실수가 잦아서 동료들은 함께 일하기를 꺼렸다. 지각과 결근과 조퇴의 반복으로 성실함과는 거리가 멀었고, 업무 외적인 부분에도 흥미와 열의가 없었다. 오로지 관심을 보이는 것은 현실 탈출이었다. 그의 진심은 결혼을 미래를 주도적으로 만들어나가는 한 과정으로 생각하는 것이 아니라, 이를 통해 현실의 무게를 오롯이 파트너에게 넘겨주고, 그 뒤에 숨고 싶은 것이었다. 탈출을 위한 노력보다는 늦어지는 탈출에 대한 한숨이 많았다. 진심으로 그를 위하여 손 꼭 잡고 얘기해 주고 싶었다. 한숨 쉴 시간에 스스로를 좀 더 괜찮은 사람으로 성장시켜보라고. 어느 날 갑자기 백마 탄 왕자님이 나타나든지, 신데렐라가 자기 대신 너 신으라고 유리구두를 떨어뜨리고 가더라도 네가 준비되어 깨어있지 않으면 말짱 꽝이라고 말이다. 또한, 알아두어야 할 명징한 사실. 멋진 그들 역시 멋진 파트너를 꿈꾸는 건 당신과 똑같을 거라고.

훌륭한 인재가 들어와서 이런 부분을 개선해 줬으면 좋겠다, 우리 조직은 이러한 지점이 너무 문제인데 얼른 좋은 사람을 채용해서 바꿔야 한다, 최상의 인재로만 꾸려서 새로운 조직으로 발돋움하겠다, 다들 경력에 비해 역량이 너무 부족하다, 괜찮은 사람들은 죄다 나가 버리니 이직 이력이 적은 진득한 사람으로 채용해야겠다…. 현재의 문제가 너무 많아 일일이 나열하기 힘든 상태의 조직 'C레벨'로부터 종종 들은 이야기이다. 조심스레 질문해 보았다. "그렇다면 그런 인재가 이 조직에 올 만한 매력은 무엇일까요?" 열에 여덟은 거기에 대한 대답을 내놓지 못했다. 사람을 바꾸어 조직을 변화시키겠다. 틀린 접근은 아니다. 그런데 오로지 새로운 사람만으로 조직을 바꾸겠다면, 그 뛰어난 역량을 가진 사람이 이 지옥의 불구덩이로 뛰어들만한 매력이 있는가부터 생각했어야 한다. 왜 기존의 구성원들은 이슈를 만들 수밖에 없었는지, 일 잘하고 역량 있는 인재들은 왜 자꾸 이탈하는지 생각해 보아야 한다. 이런 고질적인 문제들이 새로운 인재 몇이 영입된다고 바뀌는 것일까? 그런 조직에서는 문화란 담당자 몇 명이 만드는 거라고 생각할 확률이 높고, 그런 곳이라면 웬만큼 훌륭한 인재가 영입되어도 깨기 힘든 고난도 레벨일 것이다. 나부터 바뀌고, 가꾸어 충분히 매력적인 내가 될 의지가 있어야 한다. 그러한 매력적 마인드부터 장착해야 한다.

이것도 엉망이고, 저것도 엉망이고, 엉망의 총체적 난국인 곳이라고 스스로 몸담은 조직을 정의했지 않은가. 매저키스트가 아니고서야 자신을 갈아 넣고 싶을 만한 매력 하나 없는 총체적 난국으로 뛰어들지는 않을 것이다. 우리는 전혀 매력적이지 못한 조직이면서, 전문성 있고 성격 좋고 성실하며 몰입도 높고 일을 최우선시하면서도 지금의 충분치 못한 처우에 만족하며 충성을 다하는 인재를 바라는 것은 염

치가 없는 것이다. 그런데 생각보다 이런 조직은 많다.

조직들의 모순, 좋은 인재로
좋은 문화 만들기

• • •

지금의 모습에서 다듬을 수 있는 부분은 최선을 다하고, 분명한 우리만의 장점을 만들어야 한다. 우리는 소규모라서, 업력이 짧아서, 아직 여력이 부족한 조직이라서 등은 핑계가 될 수 없다. 매력이 반드시 물질적, 양적으로 충족되는 건 아니다. 오히려 가장 핵심적인 매력은 물질적이지 않을 때 더 빛난다. 어느 시점까지는 물질적 매력이 절대적 우선순위가 될 수 있지만, 그 단계를 넘어선 사람들에게는 절대적이지 않을 수 있다. 선택의 기준에서 물질적 메리트가 98%, 나머지가 2%라 치자. 물질이 충분히 된다고 해도 나머지 2%가 충족되지 않는 경우와 그 2%가 충족되고 물질적 매력이 납득할 만한 수준까지만 충족되는 경우, 상대적으로 물질적 매력이 떨어지는 곳이 더 선호되는 경우가 많다. 그 2%에는 자아실현 · 성취감 · 도덕적 신념 · 업종의 매력 · 조직문화 · 핵심가치 등이 있다. 2%가 매력의 코어가 될 수 있는 것이다. 그리고 핵심인재라고 불리는 대다수는 그 2%에 가치를 두고 매력을 느낀다.

좋은 인재는 좋은 조직을 분별하는 눈이 있다. 매력적인 누군가를 사로잡고 싶다면 나부터 변해야 한다. 주름 펴진 텅 빈 뇌를 가지고 한없이 늘어져 코나 후비면서 저 멀리서 오는 백마나 마차가 나를 향하고 있을 거라고 생각하지 말라. 왕자나 공주가 미치지 않고서야 저런 모습의 당신을 왜? 누구나 원하는 것은 똑같다.

당신의 세상은 흑백인가요?

#1

"됐고, 예 아니오로만 대답해 주세요."

맞은편에 앉아 있는 면접관은 인터뷰 내내 시종일관 단답형의 대답을 원하고 있다. 사람이 참 한결같으시다. 그런데 질문은 서술형 답이 필요한 것을 하시네? 어느 장단에 맞춰 춤을 춰드려야 하나. 그 답을 선택한 이유나 과정이 더 핵심인 질문조차 선택의 이유는 중요치 않은 듯 끊고 넘어간다. 이쯤되니 이 인터뷰가 내 생각이나 가치관이 알고 싶은 자리이긴 한지 궁금해진다. 특히나 입력값에 따라 출력값이 명확하게 정해져 있는 것이 아닌 분야에 대해 질문하면서 자꾸만 둘

중 하나를 고르라고 한다. 도저히 이건 아니다 싶어 선택지 사이 어딘가에 위치하고 있는 답을 얘기하려고 하면 뭉텅 잘라주신다. 당신이 내놓은 보기에는 답이 없단 말을, 지금 주신 질문은 흑백논리로 정의하기엔 무척 조심스러운 부분이라고 완곡하게 돌려 얘기했다. 돌아온 대답에 맥이 빠진다. "난 흑백밖에 몰라서요."라니.

'현안에 대한 해결책을 내놓으라면서요, 그렇게 했다가는 꽝이에요, 폭망이라고요, 그렇게 접근하니까 조직 내에 그런 문제가 생겼지요.'라고 내뱉고 싶었지만 인내심을 영혼까지 끌어모아 이렇게 대답했다. "흑백 말고도 아름다운 컬러는 세상에 많으니까요."

#2

"아직 본인의 길을 정하지 못한 건 좀 문제지 않나요? 그 나이에."

면접관이 아무렇지도 않게 이런 말을 내게 던진다. 저런 말이 나온 발단은 이렇다. 앞으로의 커리어 패스를 얘기해 보란 질문에, 생각해왔던 부분을 답변한 다음 덧붙인 얘기가 화근이었다. 우리 사회 유리천정으로 인한 좌절로 하고 싶은 일보다 쉬운 일로 가 보려 했던 순간들, 그래서 여전히 여러 길에서 유혹이 있지만 한 번 더 시도해 보고 싶다는 얘기들. 면접관은 예의를 차리는 듯하지만 한심함을 감추지 않는 눈빛으로 나이를 들먹이며 개인의 가치관을 폄하하는 무례를 나에게 저질렀다. 일찍부터 경마장 말처럼 한길로 내 인생의 길을 향해

돌진하는 사람도 있고, 수많은 경험치를 쌓으며 서서히 인생의 방향 키를 조정하는 사람도 있고, 우연과 다양한 호기심이 만난 기회로 인생의 목표를 전환하는 사람도 있다. 그 사이, 다양한 경우의 수가 있다. 마흔에 등단한 베스트셀러 작가도 있고, 쉰을 코앞에 두고 신인상을 받으러 유수의 영화제에 초청된 배우도 있으며, 일흔이 넘어 성공적인 크리에이터가 된 할머니도 있다. 유행가 가사처럼 내 나이가 어때서. 뭘 하든 딱 좋은 나이구먼. 내 인격의 끝자락을 붙잡고 표정 관리를 하며 비즈니스 미소를 지어 보였다. 부릉거리는 마음을 다잡으며, 이만하면 나도 꽤 괜찮은 인격으로 자랐나 스스로 대견해하며 마음속으로 그의 앞길을 이렇게 빌어줬다.

'면접관 그대도 지금까지의 커리어가 전복될만한 인생의 스파크를 만나 방향키를 바꾸어 볼 수 있는 멋진 기회를 가지기를. 그때 오늘의 자신을 꼭 기억하길.'

컬러 사이의 무수한 컬러

• • •

위의 사례는 둘 다 나의 인터뷰 경험이었다. 한정된 몇 가지만을 가지고 취사선택을 하고 세상을 바라보며 단정 지으려 하면, 단기적으로는 빠른 결정과 속도를 낼 수 있을지 모른다. 그러나 그 사이의 무수한 차이와 고려해야 할 점을 무시하고 직진하면 언젠가는 무시했던 것들에 의해 서서히 발목이 잡히다가 멈추게 될지도 모른다. 운 좋게 계속 앞으로 나가게 되더라도 다양한 가능성을 영원히 만나보지 못한 채 레이스는 끝나고 말 것이다. 사람과 사람이 만나서 관계를 가지며 이루어 가는 일들에는 하나의 답만이 존재하지 않은 경우가 많다. 바람직한 조직문화를 갖추어 나가기 위해서는 다양성을 포용하는 이런 시각이 꼭 필요하다.

세상은 흑백만 있는 것이 아니다. 온갖 아름다운 색깔들로 넘쳐난다. 그리고 그것들 사이에는 무수히 많은 그러데이션이 존재한다. 심지어 흑과 백 사이에도 엄청나게 많은 명도가 다른 색상이 존재한다. 우리는 모두 각자가 특별한 컬러를 가지고 있다. 색상환표의 일부를 들고서는 그 엄청난 다양성을 도저히 이해할 수 없다. 이 정도 색상환표로도 충분히 다양성을 이야기할 수 있다고 한다면 오만이다. 그렇게 상상하고 그릴 수 있는 세상은 딱 그만큼의 단조로움으로 끝날 뿐이다. 눈으로 볼 수 없는 것보다, 마음으로 보지 않으려 하는 것이 진짜 문제이다. 세상은 이렇게나 풍부하고 아름다운 색감으로 넘쳐나는데. 당신의 세상은 아직도 흑백인가요?

'라떼'는 카페에서 찾으시고

　　'요즘 애들 버릇없다'

　고대 벽화에 새겨져 있다는 이 말은, 그때도 꼰대는 존재했다는 뜻일까? 아니면 그때도 요즘 애들은 버릇이 없었다는 뜻일까? 확실한 건 아마도 그때도 '라떼' 이슈는 있었다는 것일 테다.

　#1

　우리 본부장님은 '찢청'을 입고 출근하고 SNS에 열심이기에 스스로 꽤 트렌디하다고 생각한다. 물론 본인 생각이다. 회식 자리에는 빠지지 않고 2차, 3차까지 주도한다. 자주 얼굴 보면 친해진다고 생각한다. 그런 생각이라면 콩쥐 팥쥐도 세상 사이좋은 자매였겠군. 올바른 회식 문화를 위해서 지양해달라고 조심스레 이야기를 건네도, 본인은 꼰대 아니고 젊은 생각을 가져서 괜찮다나? 아니, 누가 괜찮은 건데요. 팀장인 나도 직원들 편하게 이야기할 시간 주려고 적당한 때 빠지는데. 오늘도 회식이 잡혀서 즐거우신가 보다. 오늘도 본부장님 캠핑 얘기 경청 시간을 보내며, 누군가 한 명은 주말에 함께 가는 희생양으로 당첨될지 모른다. 이따 다시 한번 이야기를 해봐야겠다. 식사 끝날 즈음 직원들 손에 법인카드를 쥐여주며 일어나는 뒷모습이 가장 멋져 보일 거라고.

#2

말끝마다 라떼를 찾는 사람은 다름 아닌 바로 위 입사 2년 선배 대리이다. 하루 중 가장 많이 듣는 말이 '나 예전에는….'이다. 방금도 자료 초안 들고 갔더니 또 그렇게 말한다. 제발 본인 예전에는 어쨌는지 말고, 이 자료에 대한 정확한 코멘트를 달란 말이다. 어쩜 본인 예전은 그렇게 기억을 잘하면서, 어제 회의 시간에 결정된 사항은 1도 기억하지 못한단 말인가. 이제 20대 후반인 나보다 한 살 많은 대리의 '나 예전에는 말이야' 얘기가 팀장님도 부장님도 울고 갈 조선왕조실록 수준이다. 업무 관련 얘기보다 '라떼백서'를 더 많이 들으니 일하면서 한 쪽으로 걸러서 쏟아내야 한다. 정말 묻고 싶다. 그대 예전에도 그대와 같은 선배가 있었는가. 있었다면 보고도 깨닫지 못하다니, 대체 뭘 배운 거냐.

온고지신할래, 타산지석 될래?

• • •

놀랍지도 않은 이야기이다. 꼰대 중에도 제일 무섭다는 '청바지 꼰대'와 '젊은 꼰대'는 어느 조직에나 있다. 한쪽은 나는 여전히 주류이고 싶은 무늬만 피터 팬이고, 한쪽은 너무 일찍 모든 것을 겪어 봤다는 오만이 낳은 괴물이다. 연륜이 있다고 능률적인 것도, 젊다고 혁신적인 것도 아니다. 꼰대의 경계는 이제 더는 나이로 구분 지을 수 없다. 나는 꼰대가 아니라고 생각하는 그 순간, 당신은 꼰대가 되는 첫걸음을 뗀 것일지도 모른다. 그건 내가 판단하는 것이 아니라 상대가 판단하는 것이다.

고루함 · 편협함 · 권위적인 · 말이 통하지 않는 · 오지랖 · 고집….
이 말들은 꼰대의 가치관과 태도의 연관 키워드이다. 꼰대일지 선배일지는 표현하고 받아들이는 태도로 결정되는 것이 아닌가 한다. 그렇다고 무조건 벽을 만들어 관심 두지 않는 것이 옳다는 말이 아니다. 듣는 사람은 귀에서 피를 흘리며 듣고 있고, 이야기하는 사람은 '나 때의 영웅담'으로 끝낼 것이 아니다. 과거의 경험을 바탕으로 같이 고민할 마음의 여유를 가져야 할 것이다. 원하지 않고 받아들일 준비가 되지 않은 충고는, 이야기하는 사람의 자기만족이며 듣는 사람에겐 소음이자 착취당하는 시간일 뿐이다. 온고지신이 아니라 타산지석이 되는 순간이다. 나는 절대 저러지 말아야지. 또 누군가가 어디서, '옛날에 비하면'이라는 접두사를 꺼내기 시작한다. 당신의 옛날에 비하면 지금이 나아져야죠, 세상은 그렇게 더 나아져야 하는 거랍니다. 물질도, 문명도, 가치관도 더 아름답게 나아져야죠. 마치 지극히 어려웠던 시집살이를 견뎌 시어머니가 되어 내 며느리의 삶을 보니, 힘든 군대 생활을 지나고 지금 사병들의 현대화된 환경을 보니, 어쩐지 조금 억울해졌다든가 하는 그런 옹졸한 마음이라면, 이제 내려놓아요. 내 시절이 밑거름되어 더 나아진 환경에 대한 보상을 받고 싶은 것이라면, 그렇다면, 그대들이 누린 그 환경 또한 그 이전에 누군가의 밑거름이 바탕되었기 때문일 테죠. 안 좋은 건 제발 좀 버리고 갑시다.

인식과 태도의 차이가 만든 불협화음들이 '꼰대'라는 말을 만들긴 했지만, 우리가 깨닫지 못하는 사이 누리는 현재의 것들은 나이와 관계없이 그 길을 먼저 걸었던 사람들의 오랜 노력이 쌓여 이루어졌다는 것에 고마움을 가져야 한다고 생각한다. 혁신은 과거의 지식을 바탕으로 이루어져야 한다. 그리고 내가 생각해낸 오늘의 반짝이는 혁신 또한 순식간에 고루한 옛것이 될 수도 있다는 사실을 받아들이자. 아무리 외쳐봐야 애정이 되었든 교만이 되었든 간에, 인간의 끼어들고 가르치고 싶어 하는 '오지랖' 욕구를 완전히 막을 수는 없을 것이다. 그렇다면 나는 어떤 노선을 선택할 것인가. 누군가에게 온고지신의 모델이 될 것인가, 타산지석이 될 것인가. 선택의 순간이 분명 올 것이다.

오해와 이해는 한 끗 차이

내가 생각하는 것,

내가 말하고 싶어 하는 것,

내가 말하고 있다고 믿는 것,

내가 말하는 것,

그대가 듣고 싶어 하는 것,

그대가 듣고 있다고 믿는 것,

그대가 듣는 것,

그대가 이해하고 싶어 하는 것,

그대가 이해하고 있다고 믿는 것,

그대가 이해하는 것,

내 생각과 그대의 이해 사이에 이렇게 열 가지 가능성이 있기에

우리의 의사소통에는 어려움이 있다.

그렇다 해도 우리는 시도를 해야 한다.

— 베르나르 베르베르, 《상상력 사전》 중에서

뭐 이것만 있겠는가, 내 생각과 그대의 이해 사이에. 행간 이외의 많은 가능성이 무수히 존재하겠지만 저 정도로만 정리해 줘도 우리가 의사를 주고받는 과정에 왜 그렇게도 많은 오류가 발생하는지 충분히 납득할 수 있다. 그렇기에 조직의 그러한 오류를 줄이기 위해서 우리는 끊임없이 노력해야 한다. 의사를 자주 주고받는 게 중요한 게 아니라, 잘 주고받는 게 중요하다. 횟수와 시간을 늘리는 것만이 해결책이 아니다. 스킬을 높여야 한다. 커뮤니케이션의 질을 높여야 한다는 의미이다. 효과적인 커뮤니케이션이 되어야 한다. 커뮤니케이션은 없고 그저 의사 교환만 있어서는 안 된다.

기본을 갖추지 못한 엉망진창 의사전달로만 대화하면 쌍방향의 소통이 아니라, 각자의 방백으로 변질된다. 안 하는 것이 나을 나쁜 결과만 한 켜 쌓일 뿐이다. 그 대표적 예로, 소통의 문화를 가진 조직임을 표방하며 반기 워크숍, 분기 회식, 월간 모임, 주간 회의 등 각종 이름

을 붙여서 일명 소통의 장이라 부르는 무의미한 시간의 횟수를 늘리는 현실을 많이 겪었을 것이다. 자주 보고 이야기하면 친해진다는 묘한 논리를 품고, 모임 목적에 충실한 핵심을 주고받지 못한다면, 그 자리를 통해 불협화음만 차곡차곡 적립할 뿐이다.

오해와 이해는 모음 하나 차이인데, 그 작은 차이를 줄이기 위한 시도는 간단한 원리부터 제대로 지켜지지 않는다. 조직에서 의사전달의 많은 부분은 결론 보고나 결정 통보로 이루어져 있다. 정육점 냉장고에 동강 나서 걸려있는 고깃덩어리를 보여주는 것과 같을 수 있다. 동강동강 내서 보여준 고기는 그 부위를 각자가 가지고 있는 지식을 바탕으로 유추하여 판단하게 한다. 모두가 본 고기는 같지만, 각자 머릿속 고기는 다른 모양새를 하고 있는 것이다. 모음 하나 작은 차이는 더 이상 작은 차이가 아니게 된다.

조직은 구성원들에게 쓸데없는 상상력을 보태고 싶지 않다면 결정의 공유를 통해 지도map를 제공해야 한다. 또한 함께 갈 든든하고 역량 있는 지지자를 얻고 싶다면 적시에 정확한 피드백을 통해 이해를 구해야 한다. 구성원들은 우리가 어디로 가고 있는지 듣기를 원한다. 구성원들 역시 우리가 개선되고 함께 성장하기를 원한다면, 손을 들고 이야기해야 한다. 의견을 말하지 않거나 문 뒤에서 얘기하면 그것은 불평일 뿐이고 오해만 남게 된다. 광고음악까지 유행했던, "말하지 않아도 알아요"라는 초코과자 CF는 거짓말이다. 궁예급 관심법이나 독심술을 쓰지 않는 다음에야 말하지 않는데 어떻게 안단 말인가. 앞의 인용문을 보라. 말을 해도 전달되는 결과 오류의 경우의 수가 저렇게나 많은데 말이다. 의견을 개진해야 개선이 되든지, 그렇지 못한 현재 상황을 이해할 수 있는 피드백을 받든지 할 것 아닌가.

무턱대고 많은 의견 교환이 아니라, 효과적이고 좋은 커뮤니케이션을 해야 한다는 데는 이제 동의가 되었다. 그렇다면 좋은 커뮤니케이션은 어떻게 하는 것일까? 좋은 커뮤니케이션에는 청취와 피드백이 있어야 한다. 조직과 구성원, 모두는 서로의 입장을 충분히 듣고 명확히 피드백해 주어야 한다. 청취는 경청이 바탕이 되어야 한다. 듣는 동안은 미리 답변을 생각하지 말자. 좋은 답을 주려다 보면 귀 기울여 듣는 일에 소홀하게 되는 경우가 생각보다 많다.

의도는 좋다. 나에게 문제를 제기하는, 고충을 이야기하는, 궁금한 점을 문의하는 누군가에게 더 적확한 답변을 주고 싶은 좋은 의도일 것이다. 하지만 답을 찾아내느라 전체를 귀 기울여 듣지 못한다면 반쪽짜리 답밖에 도출할 수 없다. 듣는 내내 머릿속에서 더 멋진 답변을 만들어가고 있다면 그것은 청취를 통한 도출이 아니라, 내 안의 '답정

너'가 출동하여 만든 답일 경우가 더 많다. 동기를 파악하고 정서에 공감한 답변이기보다는, 나의 경륜과 지식을 뽐내는 답변이기 쉽다. 대화하지 않고 이야기만 하려 해서는 안 된다.

커뮤니케이션,
청취와 피드백의 중요성

• • •

피드백에서도 반드시 놓치지 말아야 할 두 가지가 있다. 과정에 대한 피드백과 why에 대한 해결이다. 온라인 쇼핑 배송이 찜 쪄 먹은 소식이라서, 콜 센터에 연락해 본 사람이라면 누구나 알 것이다. 물건을 받는 것도 중요하지만 '도대체, 그래서, 지금, 어떻게 되어 가고 있는 것인데!'와 '왜 이렇게 되었는지'에 대한 내용만이라도 상식적으로 답변을 받는다면 폭주 직전의 감정을 추스리고 이성적으로 물건을 기다리는 품위 있는 구매자로 돌아올 수 있다. 위에서 언급한, 과정과 why에 대한 피드백이 해결되기 때문이다. 쓸데없는 상상과 말들 그리고 오해를 없애는 데는, 대체로 이 두 가지만으로 충분하다. 그러나 간단하지만 의외로 피드백에서 간과되고 있는 부분이기도 하다.

조직은 구성원에게 결과가 나와야 피드백을 주는 경우가 많다. 해결

되거나 반영되지 않은 의견은 피드백도 없이 유야무야된다. 가는 것은 있었지만 돌아오는 목소리가 없는 경우, 무럭무럭 자라는 상상은 오해와 억측을 낳는다. 흔한 사례를 들어 보자. 구성원이 의견을 개진한다. 의견을 반영한 개선이 결정될 경우, 그것을 공표함으로써 피드백이 된다. 그러나 보류로 결정나면 그걸로 끝인 경우가 많다. 여기서 조직은 패착을 두게 된다. 과정에 대한 피드백을 통한 why의 해결이 빠져버렸기 때문이다. 이미 내부에서도 생각하고 있던 것이라면 왜 반영하지 않았는지, 전혀 생각지도 못했던 참신한 의견이니 차근차근 반영할 예정이라든지, 왜 현 상황에서는 반영할 수 없었는지 같은 피드백이 있어야 한다. 이 순간 오해는 이해가 된다.

오해와 이해는 종이 한 장 정도인 선택의 차이로 달라진다. 입 닫고 말하지 않으면 오해요, 소통하면 이해가 된다. 나와 그대의 이해 사이에 여러 가능성의 오차를 없앨 수는 없겠지만, 줄일 수는 있다.

규정은 자율성을 해친다?

"우리 조직은 여타 일반 조직이 가진 규정 대부분이 없어요. 그러한 규정
들로 우리 구성원들의 자율적인 사고와 행동을 가로막지 않으려고 합니
다. 규정화된 어떤 것들의 답습 속에서 혁신은 없으니까요. 얽매인 규정
없이 자율적이고 모든 것이 열려있는 대신 그에 대한 책임 역시 개인의
몫입니다."

'우와, 엄청 좋아 보인다. 규정이 없다니. 전적으로 나의 선택을 지지
하며, 나를 구속하는 그 무엇도 없다니. 야호, 만만세다!' 이렇게 생각
하는 구성원들이 의외로 많지 않다는 것을 아는지. 이러한 마인드가

때때로 도리어 구성원의 선택의 폭이나 입지를 축소하는 경우도 있다. 스스로를 오픈 마인드라고 생각하는, 앞서가는 의사 결정권자들이 흔히 하는 실수이다. 사실, 아무것도 없어서 자유롭게 판단하고 진행하는 것조차 어느 정도 암묵적으로 인정된 사회적 약속이나, 쌓인 경험치들로 인한 합리적인 판단이 있을 때 가능한 일이다. 각기 다른 스펙트럼을 가진 구성원들이 그런 판단의 역량을 모두 똑같이 장착하고 있을 가능성은 얼마나 될까?

'그 정도의 깜냥도 되지 않는 분들과는 함께할 수 없습니다. 우리는 그 정도를 드리는 만큼, 그 정도를 감당할 수 있는 분과 함께합니다.' 이렇게 자신 있게 말할 수 있는 조직이 있다면 정말 존경한다. 그런 훌륭한 인재들이 모두, 다, 기필코, 함께하고 싶어하는 조직이라면 존경하지 않을 이유가 있나. 그런 인재들로 쏙쏙 뽑아 함께하는 조직이라면 그 행운에 손뼉 쳐 주고 싶다. 불필요한 규정과 절차를 배제하고 권한과 책임을 전적으로 직원에게 위임하는 조직, 모두가 성숙한 의사 결정이 가능한 인재들만 모인 조직이야말로 이상적인 조직일 것이다. 그러나 우리의 현실은 그렇지 않다. 그러니 좀 더 현실적인 해결방법이 우리에게 필요하다. 자, 돈 많은데 머리 좋고 외모 좋고 성격까지 좋은 본 적 없는 남의 애인 같은 나랑 너무 먼 나라 얘기는 살짝 미뤄두고, 일반적인 조직들의 이야기로 돌아가자.

#1

아직 제대로 명문화된 규정은 없지만 적합한 사유로 필요하다면 얼마든지 휴가를 사용할 수 있는 A조직 그리고 연차 규정 및 각종 경조사와 기념일 휴가 규정이 명확한 B조직이 있다. 어느 조직의 구성원들이 휴가 사용에 대해 더 편안함을 느끼며, 휴가 사용 불편에 대한 개진이 자유로울 수 있을까? '적합한'이라는 기준은 누구 잣대에 맞추면 되는 걸까? 나라가 보장하는 나의 연차를 사용하는데 왜 적합한 기준이 필요한 것일까?

#2

"이번에 영업부서 분기 성과관리 시스템을 재정비했으면 합니다. 누군가가 알아서 이 일을 주도적으로 이끌어 TFT를 꾸렸으면 해요." 업무 영역의 책임과 권한이 모호한 스타트업에서 흔히 볼 수 있는 상사의 업무 지시이다. '알아서'는 대체 무엇이고, '누군가'는 정녕 누구란 말인가. 과연 목적과 기대효과조차 분명하지 않고, 기존의 업무는 어떻게 해야 할지도 모를 이 상황에서 누가, 스스로, 누군가가 되고자 할까?

#3

출장을 가야 하는데 교통편은 어디까지 지원이 되는지, 숙소는 어떻게 해야 하는지 아무것도 알 수 없고, 누구도 대답해 주지 않는다. 팀장님도 모르겠단다. 그냥 알아서들 했단다. 지난번에 어떻게 했냐고 물으니 개인이 알아서 하고 청구했다고 하는데, 그건 팀장님 얘기고. 상식적인 선이라고 하는데, 내 상식이 회사에서 말하는 상식인지 자신이 없다. 몸이 불편하고 맘이 편한 쪽으로 선택해야겠다. 내일 있을 출장 자료 준비에 신경을 더 써야 하는데, 이게 뭐란 말이냐.

#4

정말 참석하고 싶은 교육이 있다. 금액이 부담되는데 어디까지 지원해 주는지 모르겠다. 업무에 도움이 된다면 적극적으로 지원한다는데, 금액이 좀 크다 보니 입사한 지 1년이 되지 않은 내가 신청해도 될지 고민이다. 차라리 지원 예산이 명확하다면, 내가 비용 일부를 내더라도 맘 편하게 신청할 텐데. 종일 교육이라 며칠간 출근이 어려운 일정이다. 그렇다면 내 휴가를 사용해야 하는 건지, 교육일정은 빼 주는 건지도 모르겠다. 업무에도 도움이 될 진짜 좋은 교육인데 눈치 보인다. 지난번에 옆자리 대리는 키보드 비싼 거 샀다고 한 소리 듣는 거 같던데. 업무 관련 비품은 다 청구하라 더니. 차라리 딱 정해주면 속 편할 것을. 그냥 연차 쓰고 교육 갈까 보다.

합리성을 해치고 사람도 잃는
허울 좋은 명분 찾기

• • •

앞의 사례에서 누구 하나 편한 사람이 없다. 모든 사람이 보편타당하다고 인지하는 기준도 없다. 합리적이고 신속한 의사결정도 되지 않는다. 모든 것이 모호하니, 일 처리는 늘어지고 판단의 이해관계는 상충된다. 어쩐지 당연한 권리조차 눈치를 보게 된다. 자율이라 적어놓고 불합리라 읽는다. 보이지 않는 족쇄다. 과연 규정 없는 자율이 합리성과 효과성을 담보할 수 있는지 그리고 그 자율이 진정한 범위와 의미의 자율인지에 물음표를 떠올릴 수밖에 없다.

그렇다면 반대로 정해진 규칙들을 따르는 조직의 직원들은 다들 자율성이 배제된 상황일까? '규정=구속'이라는 단편적인 사고에서 벗어날 필요가 있다. 인간이 단지 스스로를 구속하기 위해서 세상의 수많은 규칙을 만든 건 아닐 것이다. 함께하기 위해서 서로 다른 해석이 가능한 상황들에 대한 최소한의 합의된 기준이 필요하기 때문일 것이다. 우리가 몸담은 조직 역시 그런 합의와 이해가 필요하다. 단, 너무 많은 규칙이 본질을 제한하게 되는 주객전도가 발생한다든지, 현실과 규정이 분리되는 탁상행정으로 전락하는 것을 지양하면 된다. 업무적 자율성을 완벽히 제공했으니 확실한 결과를 보여주는 것이 직원들의 책임이라고 핏대 세우기 전에, 자율에 대한 최소한의 기준 제공이 필요하다. 생각하는 범위가 동일한 것은 아니지 않은가.

갖추지 못한 것에 대해서 구성원들을 위해서라는 명분을 내세우지 말았으면 한다. 포장만 그럴싸해 보이는 선물보다는 알맹이가 진짜여야 한다. 무조건적인 자율보다는 최소한의 합리적 기준과 명확한 기준, 운영의 유연성이 필요할 때가 있다. 그것이 담보된 자율과 책임이 아니라면, 조직은 무책임한 방관자일 뿐이다. 그때 그 조직은 직무유기 중이다.

마음을 잡아야 사람을 잡는다는
평범한 진리

우리가 익히 알고 있는 전래동화《선녀와 나무꾼》에서 결국 나무꾼은 선녀를 잡지 못한다. 선녀는 날개옷을 손에 넣자마자 애 둘을 양쪽에 끼고 고민도 없이 즉시 떠나버린다. '목욕탕 물품 분실 사건'으로 나무꾼과 살게 되어 애를 둘이나 낳았고 심지어 동화책에 따르면 알콩달콩 살았다는데, 왜 동화 속 선녀는 일말의 고민 없이 친정행을 택했던 걸까. 아마도 나무꾼은 선녀의 마음을 온전히 얻지 못했던 것 같다. 나무꾼과 사슴이 같이 공모하여 절도를 가장한 납치로 시작된 결혼 생활 내내 선녀의 마음은 콩밭에 가 있었나 보다. 애지중지 아끼고 잘해줬다지만 마음을 잡지 못한 것이다. '열 번 찍어 안 넘어가는 나무 없다'라는 속담은 이제 시대착오적인 말로 회자된 지 오래다. 이런 말에 기대어 일방적인 마음을 무섭게 들이대는 또 다른 폭력을 양산했다고들 한다. 마음을 다한 노력의 덕목을 대변하던 말이 시대가 달라지니 이렇게 다른 방식으로 해석되는 것인가 싶지만, 이 속담은 원래 빈 곳이 좀 있었던 것 같다. 효과성과 효율성도 무시되고, 배려도 없는 노력만 있었기에 결국 도태된 속담이 되고 만 것이 아닐까? 나무꾼의 사례에서 실패의 원인은 '진심'이 빠져 있다는 것이다. 진심이 빠져 있다니, 왜? 나무꾼은 선녀같이(?) 고운 아내, 선녀를 진심으로 사랑해 주었는데? 진심을 다 해서 열 번이나 찍었는데?

우리는 지금 사람 간의 관계에 있어서 '진심'에 대해 이야기하고 있다. 관계에서 '진심'은 일방적인 최선을 뜻하는 것이 아니다. 그것은 노력에 가깝다. 경우에 따라서는 내 마음을 강요하는 폭력이 될 수도 있다. 관계에서 '진심'은 상대에 대한 배려가 반드시 포함되어야 한다. 상대의 입장에서 생각하고 바라보려고 노력하는 것이 관계에 있어서 '진심'의 핵심이다. 나무꾼은 옷을 훔치고 숨기기보다는 마음을 전한 후 선녀가 선택하게 했어야 했고, 무턱대고 열 번 찍기보다는 어느 부분을 어떻게 찍어야 나무에 무리를 최소화하고 찍힌 부분도 별 탈 없이 가지를 뻗어 잘 자랄 수 있을지 고민했어야 했다.

조직에서는 훌륭한 인재를 영입하기 위해 높은 처우와 각종 옵션을 제시한다. 조직 내 핵심인재를 놓치지 않기 위해서 다양한 제도들을 더 해 간다. 남들 하는 것 다 하면서 노력해도, 구직란만큼이나 구인란도 여전하다. 괜찮은 사람들은 떠나기 일쑤고, 새로운 인재는 도무지 영입하기 힘들다는 것이다. 그러나 바로 이때, 좋은 인재를 잡기 위한 노력 안에 유려한 스킬만 있고, 진심은 없는 것이 아닌지 들여다보아야 한다. 진심이라 생각했던 것이, 나의 욕심만 득시글대는 건 아닌지도 생각해 볼 문제다. 이런 이야기를 하면 꼭 나오는 대응이 있다. "그렇다면 마음만 다하면 되는 것이냐?"

그러한 질문에 이렇게 답하겠다. "고마운 마음만 한가득 가지고 돈도 없이 빈손으로 가게에 가서 물건을 사 올 것인가." 부모 자식 간의 불화에도, 연인 간의 다툼에도 자주 나오는 레퍼토리가 있다. '내가 마음은 안 그런데, 마음은 이게 아닌데.' 그건 정말 본인이나 알 마음이고, 변명거리이지 상대를 위한 마음이라고 볼 수 없다. 다시 말하지만, 진심은 상대의 입장이 기본 되어야 한다. 상대의 상황에서 마음과 정성을 다한다면, 진심은 반드시 어떤 식으로든 행동으로 나타날 수밖에 없다. 다양한 학문에서 보디랭귀지에 대해 연구하는 것만 보아도 알 수 있다. 과학수사에서도 심리 상담에서도, 보디랭귀지가 주는 신호를 면밀하게 관찰한다. 진심은 감출 수 없기 때문이다.

1 더하기 1이 반드시 2가 되리라 장담할 수 없는 것이 인간관계의 공식이다. 들어가는 재료에 따라 어떤 것이 나올지 확신할 수 없는 이 묘한 사람과 사람 사이 관계의 공식은 그저 합리적인 추론만이 있을 뿐이다. 그 추론을 가지고 열심히 노력할 뿐이다. 여기서 확실한 한 가지는, 진심만이 곱셈에서 '0'의 역할을 할 수 있다는 것이다. 어지러이 얽히고설킨 상황도 진심이 확실한 역할을 해줄 수 있다. 진심으로 다가갈 때, 0을 곱한 것처럼 0에서 시작할 수 있다. 다시 새롭게 마주하여 시작해 볼 여지가 생길 수도 있는 것이다.

직장 생활은 친목이 아니라는 전제를 가지고 상황에 접근해야겠지만, 그럼에도 마음을 사로잡는다는 것은 그 어떤 문제 해결에도 훌륭한 시너지를 주는 만능 양념이라고 생각한다. 그것은 누구도 부정할 수 없는 '진실'이다. 관계 문제로 공과 사의 경계를 넘나드는 것과는 별개의 경우이다. 그 경계 안에서도 이해되고, 포용되며, 한 번 더 주어질 수도 있는 기회의 영역이 분명히 있을 것이다. 어쩌다 한 번 한 실수가 '매번 저 모양이야'라고 둔갑하지 않고, '사람이 실수도 하면서 성장하는 거지'라고 이해될 수도 있다. 마음이 가지 않는 곳에는 이런 융통성이 발휘되는 영역이 축소될 수밖에 없다. 누군가를 좋아할 때 그 이유를 물으면, '그냥'이라는 말로 귀결될 때가 많다. 마음을 사로잡힌 것이다. 마음을 잡게 되면 핵심적인 부분을 제외하고는 긍정적인 시선으로 그냥 다 좋게 보아 넘길 확률이 높아진다. 한심하고 미련스럽게 느껴지던 코골이가 도로롱 듣기 좋은 숨소리가 되고, 게걸스러운 식탐은 어느새 복스러운 먹성이 되어있다. 마음이 있는 곳에 사람이 있다. 마음을 잡아야 사람을 잡는다.

결국은 진심이 답

• • •

진심이라고 다 통하는 건 아니라고 말할 수 있다. 그러나 진심은 반드시 어떤 식으로든 행동으로 나타나기 마련이다. 충분히 진심을 보일 수 있을 정도로 마음을 다한 행동이었는지 생각해 보자. 모든 진심이 다(아직) 통하는 건 아닐지라도, 아닌 것은 반드시 표시가 난다. 진심을 다하면 내가 변하고, 내가 변하면 모두가 변한다는 말이 있다. 이 말은 세상을 바라보는 나의 시선이 변화됨으로써, 주위가 전혀 달라지지 않았어도 내가 보는 세상은 이미 변화된 것이라는 의미일지 모르겠다. 무엇을 변화시키려고 내 마음을 알리는 것이 아니라, 상대의 상황과 입장에서 바라보는 시선으로 전해진 진심이라면 상대방을 변화시킬 수도 있겠다는 생각을 해본다.

진심이어야 마음을 사로잡는다. 마음(대로)만 다하면 마음을 잡을 수 없다. 명심하자. 진심은 반드시 행동으로 나타난다는 걸.

Chapter 03

서로 최소한의 것은
지키고, 요구할 수 있기를

포기할 각오는 되어 있는가

애자일Agile과 린Lean은 조직문화나 업무역량 · 태도를 말할 때 항상 함께 움직이는 단어이다. 조직이 문화나 인재상을 이야기하는 자리에 그 둘은 껌딱지처럼 손잡고 다정하게 다닌다. 그러나 실무자 입장에서는 이 두 단어가 썩 반갑지만은 않을 수 있다. 실무자는 의사결정권자의 '애자일'을 가장한 무분별한 방향 전환에 혼이 빠진다. 조직 내에서는 '린'의 남용은 체계 없음의 또 다른 표현이다. 일부 조직에서는 원래의 의미가 퇴색되고 언어의 사회성이 철저하게 적용된 단어가 되어버렸다.

어느 조직에선 하루에도 몇 번씩 지시사항이 달라지고, 들고 간 보고서를 펼치기도 전에 이미 전혀 다른 계획을 뭉게뭉게 피워내는 대표님 덕분에 '애자일'이란 단어에 직원들은 두 가지 반응을 보였다. '애자일'이란 소리에 몸서리치며 경기를 하든지, 두서없이 끌려가는 업무가 반복되는 과정에서 우린 '애자일하니까'라면서 안줏거리 삼아자조하든지. 이 조직에서는 '애자일'이란 스마트한 업무방식이 아니라 아둔한 업무방식이 되어 버린 것이다. 하루하루가 아니라 시시각각으로 변화하는 요즘의 조직에서는 한 번 정해진 결정이나 프로세스 안에서만 사고하고 실행한다면 기민하고 혁신적인 조직이 되기에는 다소 어려움이 있을 것이다. 민첩하게 변화와 성장을 하며 세상을 놀라게 했던 유수의 조직들은 진행하던 것을 부수고 다시 제로 베이스에서 시작하는 좋은 예들을 많이도 보여주었다. 우리의 의사 결정권자들도 그런 꿈을 꾸며 '애자일'을 강조했을 것이다. 그런데 우리는 왜 이렇게 되었을까.

몸에 좋은 것도 과하면 모자람만 못하다 했다. '애자일' 안에서도 효율과 효과를 생각했어야 했다. '애자일'에만 꽂혀 그것만 이야기하면 곤란하다. 떠오르는 머릿속의 꿈들을 무분별하게 쏟아내며 방향을 틀어 지시하는 것이 '애자일'은 아니다. 몇 차례 회의를 통한 결정을 오늘 아침 양치하면서 떠오른 아이디어로 무산시켜 버리는 것이 '애자일'은 아니다. 뉴스레터에서 접한 선도조직의 유니크한 프로세스를 말 한마디로 일단 다음 주부터 실행해 보자는 것이 '애자일'은 아니다. 전자레인지에 돌려 3분이면 충분히 훌륭한 맛을 내는 음식이 있는 반면, 오랜 시간 끓이고 뜸을 들여야 완성되는 음식도 있는 법이다. 전혀 스마트하지 않다.

'애자일'하게 일하기 위해서는 지속적으로 환경을 관찰하고 전략을 세워 민첩하게 변화를 실행해야 한다. 재빠르게 변화관리를 하더라도 조직원 모두가 공유하는 방향성의 단단한 코어를 갖고 이루어져야 한다. 길이 달라질 뿐이지 목적지가 달라져서는 안 된다. 무조건 뚝딱, 엎어라, 뒤집어라, 이전 것은 잊어라… 이는 그저 의사 결정권자의 변덕이나 무능의 결과일 뿐이다. 우리가 실무에서 만났던 많은 '애자일'은 이제껏 나폴레옹이 알프스 원정길에서 얘기했다던 '이 산이 아닌가 보다' '좀 전 그 산이 맞나 보네'와 다를 바 없었다. 방향성 없이 이리저리 흔들리면 구성원들의 입에서 나올 말은 뻔하다. "쟤는 나폴레옹이 아닌가 보다." '애자일'을 선택했다면 '린'은 필수적으로 함께 가야 할 짝꿍이다. 민첩하게 움직이려면 무거운 것은 내려놓아야 속도가 붙는다.

인사평가를 일 년에 한 번씩 했다. 일 년 내내 뭘 하는지 모르다가 연말이 되면 바빠진다. 서류를 작성해야 하니까. 그래서 일 년에 두 번을 하기로 했다고 5월에 급하게 공지되었다. 한 번에 하면 부담스러우니까 두 번에 나눠서 하는 거라는데…. 그냥 곱하기 2가 된 느낌이다. 올해도 7개월이 훌쩍 지났는데 새로운 인사평가 시스템을 적용할 거란다. 원래 목표라는 게 어디선가 정해져서 내려오는 것이고 연말에 무슨 기준으로 내가 평가를 받는지도 몰랐지만, 연중에 시스템을 바꾼다니. 무슨 경우인가.

요즘 다들 한다는 목표관리 방식을 적용했다고 하는데, 내 목표는 어떻게 관리해야 할지는 모르겠지만 작성해야 할 서류가 늘어난 것은 확실한 듯하다. 평가에는 반영 안 되고 목표만 관리한다는데 왜 부장님은 자꾸 인사평가 생각하라며 쪼아대는 거지? 평가가 맞는 건가, 잘 모르겠다. 부장님은 인간적으로 대충 평균에 맞춰 평가점수 주는 것 같으니 그냥 하라는 대로 하면 그만이다. 몇 번을 바꾸건 OKR도 KPI도 사실 서류일 뿐이니 써내면 그만이지만, 일도 바쁜데 참 귀찮다. 우리 대표님은 좋다는 거 다 해보고 싶은가 보다. 인사팀은 직원들은 관심도 안 가지는 행정절차를 계속 바꾸는 쓸데없는 일을 하는 것 같다.

우리 대표님, 하고 싶은 거 다 해보세요.

공식적으로 업무 관련 소통은 A라는 채팅 프로그램을 이용하기로 정해져 있다. 그럼에도, 꾸준하게 개인 톡을 이용하는 이들이 있다. 개인 톡 창에 업무가 섞이는 것도 싫지만, 업무 자료들이 중구난방으로 흩어져 있는 것이 더 문제다. 한 프로젝트의 흐름을 한 공간에서 확인하기가 어려워진다. 자꾸만 놓치는 사람들을 위해서 메일로도 자료를 보내 놓는다. 메일을 보내면 뭐해, 읽지도 않는데 싶은 생각이 들지만, 나는 할 만큼 했다는 근거를 남겨 놓기 위해서 오늘도 보낸다. 내일 팀회의 일정은 A 프로그램을 통해 전달했고, 메일로 일정 공지했으며, 다 같이 사용하는 다이어리에 일정 알람을 띄워두었고, 마지막으로 구두로도 전달했다.

개인 톡이 또 울린다. 그것조차 확인 안 한 누군가가 회의 일정 물어보는 거라면 정말로 톡 창을 파묻어버리고 싶다. 불필요한 작업의 중복이 발생한다고 이야기했더니, 대표님은 요즘 '핫'하다는 사내 톡 프로그램을 하나 더 도입하겠다 한다. 지금 쓰는 A 프로그램도 그래서 시작한 건데? 조만간 또 +1이 될 예정이다. 뭔가 늘어는 가는데, 어째 체계는 도무지 잡혀가는 모양이 아니다. 여전히 모든 업무 소통은 중구난방이다.

Agile & Lean,
덜어내어야 생기는 담을 공간

• • •

앞선 사례들에서 왜 '애자일'과 '린'은 유연하거나 가벼워지지 않고 둔하고 무거워져만 갔을까? 왜 우리는 KPI에, MBO에, BSC에다가 OKR까지 등에 업고 있을까. 지갑에 든 돈이 한정적이라면, 우리는 구매하고 투자할 곳들을 한정된 자산에 맞추어 우선순위를 정하게 된다. 그런데 보이지 않는 인간의 노동 역시 시간이라는 유한한 옵션이 걸려있음에도 자꾸 더하기만 하고 있다. 그러다 보니 열심히는 하는데 집중도, 효율도, 효과도 찾을 수 없다.

계속 쌓아가기만 한다면 군더더기만 늘어갈 뿐이다. 하나를 더 한다면 반드시 하나는 덜어내자. 지금 당장 하던 것을 포기하면 문제가 생길까 걱정이 되는가? 그게 아니라면 모든 방법이 다 의미가 있어 보이는가? 무엇 하나 버릴 수 없어서 꾸역꾸역 안고 있다고 모든 것을 가지지는 못한다. 휘청이다가 그 무게에 눌려 쓰러지게 될지도 모른다. 잔가지가 많으면 본가지가 튼튼해지지 못한다. 민첩하게 움직이고 싶다면 군살 없이 탄탄한 조직이 되어야 한다. 무엇을 포기하고 어느 쪽에 집중할지, 선택의 문제가 우리 앞에 있다.

포기할 각오는 되어 있는가?

팔랑귀 대표님,
우리는 구글이 아닌데

홈페이지에 올라와 있는 사진 속 CEO들의 자세는 다 엇비슷하다. 뭔 사인을 하는지 펜을 들고 팔꿈치는 책상에 괴어두고 활짝 웃으며 정면을 바라보고 있다. 조금 지나자 다들 일어서서 주머니에 한쪽 손을 꽂고선 시선은 정면인 사진들이다. 유행이 바뀌었나 보다. 분기 행사처럼 대표님은 홈페이지에 올릴 사진을 바꿔댔다. 이번엔 팔짱 낀 몸을 45도 각도로 오른쪽으로 틀고 사람 좋은 미소를 띤 채 시선은 정면을 향할 거란다. 꼭 팔짱을 끼어야 완성이라나. 우리 따라쟁이 대표님이 또 어느 홍보자료에서 멋짐 풀풀 CEO의 사진을 발견하게 될까 봐 홍보팀 담당자는 주름이 늘었다. 직접 눈으로 보기 전까진 담당자에게 그런 고충이 있는지 몰라서 헛웃음이 났다. 1인 점주 서비스업도 아니고, 3대째 ○○○ 할머니 뼈다귀 해장국집도 아닌데, 왜 그리 본인 사진에 꽂혔는지.

사무실에 그런 말이 돌곤 했다. 밖에서 뭔가 듣고만 오면 다들 폭탄을 하나씩 날려대니, 대표이사나 임원들은 외부 모임이나 세미나를 줄여야 한다고. 요즘은 이게 좋다더라, 다들 한다더라, 우리는 뭐 했냐, 일들은 하는 거냐, 우리도 이거 하자…. 뚝딱 치면 우수수 쏟아지는 도깨비방망이도 아니고, 버튼 몇 번 눌러서 온라인으로 당일 배송받을 수 있는 것도 아닌데 뭘 자꾸 당장 하자는 건지 모르겠다. 순식간에 관련 부서 담당자들을 재빨리 움직이지 못한 무능하고 도태된 월급 루팡들로 만들어 버린다. 그런데 이거 가만히 듣고 있다 보면, 이미 흥행 끝난 영화이거나 내 체형엔 맞지 않는 옷이다. 그 가운데는 제안했다가 쓸데없는 소리 취급받았거나 기안도 못 올려본 것들이 부지기수이다. 왜 세상 아빠와 엄마들은 집에서는 그렇게 서로 얘기에 귀 기울이지 않고, 옆집 아줌마 아저씨의 얘기를 신뢰하는 걸까. 왜 밖에서 한 번 듣고 꽂힌 얘기에는 온 세상이 동조하는 듯한 착각을 하며 불도저처럼 밀고 들어오는 걸까.

물론, 각 산업군의 선두 그룹 중 많은 조직은 쉽지 않은 결단력과 반짝이는 아이디어들을 과감하게 추진하였기에 그 자리에서 있던 것이 가능했을 테다. 그리고 그 과정에서 수많은 시행착오를 겪어오며 만들어진 것들은 무척이나 매력적인 바이블로 다가온다. 고맙게도 이미 그들이 겪어줬기에 정답지를 가지고 와서 우리 조직에 대입하면 될 것이다(라고 생각한다). 그러나 많은 결과가 참담했다. 현실과의 괴리를 무시한 채 그대로 밀고 나갔기 때문이다. 구글에서, 넷플릭스에서, 아마존에서, 생생하게 실패담의 후기까지 더하여 우리에게 얼마나 친절하게 알려주고 있는데. 오답지까지 완벽한 선배들의 족보를 손에 넣었는데 무엇이 문제겠어.

그러나 익히 알다시피, 우리는 구글도 넷플릭스도 아마존도 아니다. 냉정히 말하자면 구글과 넷플릭스와 아마존의 환경과도 다르고, 무엇보다도 우리 구성원들은 구글과 넷플릭스와 아마존의 그들이 아니다. 연애를 글로 배울 때 유효하던 통계학이 실전 연애에서는 상대방이란 큰 변수를 만나게 되는 것과 같은 이치이다. 이미 정답을 가지고 조직문화라며 끼워 맞추기 시작하고, 이를 통한 이미지 마케팅을 한다. 이러다 보니 어느새 찍어 내듯 똑같은 조직문화를 가지게 되었다. 현실과는 별개의 '자율', '수평', '워라밸' 같은 단어로만 부유하는 조직들이 넘쳐난다. 우리는 구글이 아닌데, 마음만은 구글이라며 광고를 한다. 그것에 혹하여 입사를 선택한 사람 입장에서는 정말 무서운 과대광고다.

요즘엔 영유아 단계부터 맞춤형 교육, 눈높이 교육을 표방한다. 보험사도 맞춤형 상품을 내놓고, 화장품을 사러 가도 피부 상담부터 시작한다. 각자의 상황과 옵션에 맞도록 시작해야 바람직한 효과를 볼 수 있는 것이다. 하물며 조직문화는 더 말할 것도 없다. 참고하는 것과 따라 하는 것은 큰 차이를 가져온다. 성공이든 실패든 그들의 생각과 실천을 찬찬히 되짚어 보며 취사선택하여 '따라 하는 것'이 아니라 '참고하여 새롭게 대입'하는 과정이 필요하다.

실무자들의 볼멘소리 중 하나가, 직원들은 중소기업인데 대표이사 및 임원들은 대기업이라는 것이다. 직원들은 중소기업 단점만 가지고 있는 환경에서 일하고 있는데, 임원들의 눈높이만 대기업이라는 뜻이다. 모든 조직이 그렇지는 않겠지만 이런 얘기를 차 마시며 웃어넘길 수만은 없는 것이 많은 실무자의 현실이다. 한 번의 지시 이전에 우리 조직의 재무 구조, 인력 구성, 인식 수준, 현 시스템 등에 대해 생각하자. 너무 갖고 싶다고 덥석 충동구매하면 꼭 후회하더라. 정말 우리 조직에 맞는 건지 생각하자. 이것저것 다 따지면 어떻게 '초시대'에 발맞춰 가겠냐고, 이전의 성공한 조직 역시 그러했다고 할지도 모른다. 그렇지만 지금 말한 것들은 이것저것이 아니다. 핵심은 간과돼선 안 되고, 깊이 있지만 빠르게 문제를 고민하고 판단하는 것이 의사 결정자의 몫이다.

트렌드에 매몰되지 않기

• • •

재택근무는 조직문화의 새로운 패러다임이 되었다. 사회 변화에 따라 서서히 필요성이 야기되면서 일부 진행되고 있었지만, 현실적인 문제들로 많은 조직이 레퍼런스가 쌓이기를 기다리며 '눈치게임' 중이었다. 2020년 코로나19로 인한 팬데믹이라는 사회문제로 타의에 의해 당겨지지 않았다면 재택근무도 사실, 트렌드에 매몰된 근무 문화 중의 하나가 될 뻔했다. 수평, 자율, 애자일, 린이 더는 특별하지 않게 되자 눈에 띈 문구였던 것이다. 재택근무를 할 만한 직무인지, 협업 관계는 어떤지, 근무시간을 산정할 시스템은 있는지 또한 자율에 의해 원활하게 돌아갈 수 있는 각자의 의식 수준은 고려하기도 전에 말이다. 왜? 남들 하는 거 우리도 일단 해야 하니까. 트렌디해야 하니까. 병이다, 병. 트렌드에 민감하되 트렌드에 매몰되어서는 안 된다.

현재는 (선택과 필수 사이에 위치한) 좀 더 적극적 선택일 수밖에 없는 상황들이 늘어감에 따라, 재택근무를 유행으로만 인식하며 접근하지는 않을 것 같다. 따라 하는 순간 이미 그건 옛것이다. 따라가다 보면 계속 뒤처질 수밖에 없다. 트렌드는 돌고 도는 것이고, 이제는 레트로와 함께 뉴트로도 공존한다. 우리에게 맞는, 나에게 맞는 언제나 새로운 해석이 필요한 시대가 되었다. 혹시 우리 조직이 유행을 다 뒤집어 쓴 불편하고도 우스꽝스러운 모습은 아닌가?

오늘도 어디선가 무언가를 듣고 꽂혀서 '열일'하는 팔랑귀 우리 대 표님, 열린 귀는 내부에서 활짝 열어 주시고, 내부의 더 많은 소리에 귀 기울여 주시길. 그것이 가장 트렌디한 모습입니다.

빅데이터의 맹신으로
프레임 씌우기와 편 가르기

스타트업은 이제 우리도 더는 하루하루의 밥벌이를 위해서가 아니라 체계적인 모양새를 갖춘 성장이 필요해서, 중견기업은 꾸준히 성과를 내는 매출 점유율에 비해 복지부동하고 발전이 없는 기업문화의 쇄신을 위해서, 선도기업은 무겁고 찬란한 가장 앞자리의 깃발을 놓치지 않기 위해서, 각각 그 수만큼의 이유로 변화관리를 원하고 있다. 우린 지금 너무 잘하고 있는 멋진 조직이니까 잘 짜인 이곳에 머무르며 유지하기만 하자고 하면, 뒤에서 꾸준히 걸어오는 다른 조직에 추월당하는 순간 쳐질 수밖에 없는 상대적 레이싱을 모든 조직은 생성의 그 순간부터 참여하게 된다. 그러기에 변화관리란 그 어떤 조직도 영원히 벗어날 수 없는 굴레 같은 것이다. 불안정한 성장기의 조직도, 춥고 혹독한 내리막길을 걷는 조직도, 지금의 안정 속에서 끊임없는 성장을 추구하는 조직도.

너무나 군더더기 없이 매끈하게 굴러가는 조직에서 변화관리를 고민하는 경우는 아직까진 드물다(사실, 흠도 없고 티도 없는 완전체의 조직이란 본 적이 없다). 매끈하게 굴러가지 않는다는 것은 시스템 안에 어긋나게 만드는 요철이 있다는 것이고, 그 끝에는 늘 사람이 있기 마련이다. 변화관리를 원한다며 대화를 나누고 의견을 구한 대부분은 그 요철의 원인인(본인을 제외한) 사람 또는 집단에 대한 분석을 이미 마치고서 담당자와 마주 앉은 경우가 대부분이었고, 분석의 대상이었던 그들의 변화관리를 통한 조직 변화관리를 원했다.

그러나 막상 현장을 맞닥뜨려 보면, 그 분석이란 각자가 몸담은 카테고리 안에서의 시선으로 몇 겹의 색안경을 끼고 본 결론인 경우가 많았다. 또한 그 색안경이란 온·오프라인에 무수히 떠도는 데이터들로 만들어진 프레임일 경우가 많았다. 문제의 원인을 우리 조직과 구성원의 특수성에 준하여 들여다보는 것이 아니라, 기존 데이터에 대입하여 조직과 구성원을 재단한다. 그러고는 '역시 그렇군!'이라면서 일반화의 오류에 빠진 채 결론짓는다. 그 방증으로, 구성원 심층면담을 해 보면 각자가 말하는 변화관리를 위한 문제 집단들이 모두 다르다는 것이다.

- 젊은 직원들은 MZ세대라서 그런지 불만만 많고 너무 개인주의다, 희생이라곤 없다, 개인의 실리만 찾고 조직의 발전에 소극적이다, 똑똑한 건지 개념이 없는 것인지 모르겠다.
- 중간 리더들이 문제다, 불만은 많지만 불편한 논쟁은 피하고 시키는 대로 한다, 무기력하고 도전하지 않고 포기만 있다, 이미 지치고 귀찮아 보인다, 월급만 받으면 되는 요즘 30대들의 전형인 것 같다.
- 간부들은 뭘 하는지 모르겠다, 실무랑 동떨어진 얘기만 할 거면 집에 갔으면 좋겠다, 집에 안 갈 거면 뭘 하든 아무것도 안 했으면 좋겠다, 역시 나이 든 사람이라 입만 열면 고루하다, 젊은 척하는 이들의 촌스럽고 권위적인 사고가 조직을 좀 먹는다.

대표란, 임원들이란, 남자들이란, 여자들이란, 아저씨들이란, 아줌마들이란, 젊은 것들이란, 노인들이란. 'MZ세대'는 무엇이고, '라떼'는 무엇이며, 90년대생이 온다는데 그들만이 주류이며 그들만이 타깃인가. 10년 전에도 80년대생이 왔고 10년 후에는 또 10만큼 더해진 이들이 올 것이다. 빅데이터에 대입해 문제의 원인을 찾아간다. 어디서 본 기사 한 줄, 세미나에서 들은 이야기 한 토막이 마치 잡지 말미에 실린

이달의 별자리 운세처럼 절대적 진리인 양 포장된다. 원인을 그렇게 생각하니 지금의 문제가 그럼 그렇지 싶다. 앞으로도 뻔해 보인다. 원인 파악은 그걸로 끝났다. 숨은 의도까지 일반화시킨다. 쟤들은 어쩔 수 없어, 저 집단은 저런 게 문제야 문제, 편을 가른다. 이미 기대치가 없다. 변화하려면 저 집단을 싹 다 뜯어고쳐야 한다. 타 집단 프레임 씌우기에 빠져 반목은 심해지고 오해는 깊어간다.

변화관리를 위해 넘어야 할 큰 산은 위와 같이 서로의 본 모습을 외면하고 프레임 안에 갇혀 일반화하여 판단하는 선입견들이다. 진짜로 변화를 원한다면 그것은 특정 부분이 아닌 모두가 변해야 할 일이다. 진짜로 변화관리를 하고 싶다면 변화의 시작은 네가 아니라, 나의 고정된 시각과 일반화의 오류를 걷어내는 일부터여야 할 것이다.

맞춤형 조직문화 II
집단 일반화의 오류를 벗어나기
• • •

무수히 넘쳐나는 그 모든 정보가 무의미하다는 것이 아니다. 빅데이터는 나름대로의 가치를 가진다. 통상적인 정보의 유의미함이 있다. 각 카테고리의 평균적인 생각과 현상을 읽을 수 있다. 그러나 그것은 시장 빅데이터로서의 가치로 이용해야 한다. 각각의 집단별 빅데이터는 우리 조직을 이해하기 위한 참고사항이다. 그 기준으로 우리를 재단해서는 안 된다. 우리 조직의 그들도 과연 같은 생각을 할까. 그것이 우리 조직과 구성원의 특수성을 대변할 수는 없고, 나와 너와 우리를 대변할 수 없다. 우리 조직은 평균들로 구성된 집단이 아닐 수 있다. 그 평균치의 위아래에 위치해서 표준편차를 커지게 하는 사람들의 집합체일 수도 있는 것이다. 빅데이터와 이론에만 의존했다가는 몸에 맞지 않는 옷을 걸치게 될 수도 있다. 빅데이터는 효과적 재조합이 필요하다. 시장의 빅데이터가 아니라 우리 조직의 빅데이터가 중심에 있어야 한다.

나는 늘 평균의 범위에 벗어나 있었다. 성별, 나이, 출신 지역, 직군 등으로 나눈 모집단의 평균치와는 다른 방향으로 달리고 답을 내고 있었다. 그렇다면 나와 같은 사람들이 모인 조직을 세상이 통상적이라고 말하는 잣대로 평가와 보상을 했을 때 그 효과성은 어떨까. 나는 소위 말하는 MZ세대가 아니다. 하지만 지금의 MZ세대가 원한다고 하는 것들을 20년 전부터 바라왔다. 그리고 그렇게 선택했고, 그러한 문화를 지향하는 조직들에 몸담았다. 그렇다고 해서 다른 문화 속에서 성장해온 내가 현세대의 사고를 온전히 공감할 수는 없다. 그러나 나는 주변 또래집단과는 다른 방향성을 가져왔고, 그런 선택을 해왔다. 그렇다면 나는 무슨 세대인가? 나의 라떼는 꼰대시대의 이야기인가, 아닌가?

규정화하고 일반화하여 그 틀 안에 가둬놓아야 안심되는 세상에서 벗어나자. 무엇무엇답다는 것이 편하고 순리에 맞아 좋다는 의견도 있다. 하지만 체리 맛 자두가 나오고, 사과처럼 깎아 먹는 수박이 나오는 세상이다. 하나의 프레임으로 세상을 바라볼 때 눈가리개를 한 경마장 말처럼 보고, 사고할 수밖에 없다.

직장은 학교가 아니라고?

아무리 신입이라고 뽑았지만 어떻게 하나부터 열까지 모두 다 가르쳐줘야 하나. 모르면 물어보기나 하지. 걸음마 하는 아이를 데려다 놔도 이것보단 낫겠다. 모르면 규정집이나 매뉴얼이라도 뒤져보든가. 뒤치다꺼리하다가 하루가 갈 판이다. 직장이 학교도 아닌데 월급 받으며 앉아서 배우기까지 하고. 신입, 넌 참 좋겠다.

인터뷰할 때 분명히 인턴 경험도 없는 분야인데 가능할지 누차 확인했다. 전혀 걱정할 것 없다며, 선배들도 많으니 배워가며 충분히 할 수 있다고 했다. 그래도 첫 직장인지라 잘하고 인정받고 싶은 마음에 입사 전에 업무 관련된 자료도 이것저것 찾아보고, 기초 용어에도 익숙해지려고 노력했다. 생각했던 것보다 현실은 더 살벌했다. 낯선 것투성이라 조심스레 물어보면 그런 것까지 물어보지 말고 규정을 보라고 한다. 그런 것이 존재하는지도 몰랐다. 그것까지 물어보면 나는 영원히 아웃될지도 모른다는 생각이 들었다. 작업에 오류가 생겼는데 물어보지도 않았냐고 뭐라 한다. 물어보는 것도 뭘 알아야 물어보지. 내가 다 잘못한 것 같다. 사회는 학교가 아니었다.

왜 이렇게 서로의 입장이 다를까? 이를 이해하기 위해서는 알려주는 것과 가르쳐주는 것의 차이를 생각해 봐야 한다. 맞다, 직장은 학교가 아니다. 누군가가 번번이 잘못을 발견해서 알려주고, 친절하게 오류를 바로잡아 가르쳐 주기에는 다들 너무 바쁘다. 인내심을 가지고 한 명씩 손잡아 걸음마를 도와줄 만큼 친절하지 않다. 어떤 조직은 직설적으로 우리는 학교가 아니다, 배워가면서 성장하는 사람은 원하지 않는다, 그럴 시간과 여유가 있다면 더 나은 곳에 투자하기를 원한다, 기본이 갖추어진 완성형 인재들이 모여서 각자 주도적으로 성과를 보이기를 원한다고 말한다. 그런 조직일지라도 안내소나 지도는 있어야 한다. 체계적이고 손쉬운 Q&A와 FAQ에 접근이 쉬워야 한다. 그것이 어떤 형식이라도 말이다. 알려주어야 할 것과 가르쳐주어야 할 것은 분명히 다른 영역이고, 조직은 구성원들에게 조직 생활에 필요한 룰과 도구에 대해서 제대로 정확하게 알려주어야 할 의무가 있다.

제대로 알려주지 않아 헤매는 상황은 비단 조직 생활이 낯선 사회 초년생들에게만 있는 일이 아니다. 조직마다 시스템이나 프로세스가 거기서 거기 아니냐고? 응, 거기서 거기 아니야. 시스템이나 프로세스를 관리하는 담당자들도 이직하면 헤맬 수 있다. 단기간에 안정적으로 본업에 정착하기 위해서는 정확한 정보를 알려주는 누군가나 무언가로부터 도움을 받아야 한다. 맞다, 직장은 학교가 아니다. 그렇지만 이런 건 구성원 각자가 조직 생활에 임하며 나의 성장과 발전에 대해 스스로 가져야 할 마음가짐이지, 타인에게 그런 태도만을 요구한다거나 조직이 선 긋고 손 놓아 버리는 것은 그다지 바람직해 보이지 않는다. 그렇다고 떠먹여주며 코 닦고 입 닦아 주는 마더 테레사가 되어야 한다는 말이 아니다. 배우고자 하는 의지 앞에 인색하게 굴지 말라는 것이다.

알려주는 것과 가르쳐주는 것의 차이

• • •

처음부터 지금의 모습이었던 사람은 없다. 나에게도 분명히 알지 못해 답답하고 헤매면서 엉뚱한 일을 하던 시기나 상황이 있었다. 나는 스스로 맨땅에 헤딩하며 성장했다거나 눈치껏 스스로 깨쳐갔다는 사람조차도 누군가의 어깨너머로 훔쳐본 것들로, 잘 정리된 자료들을 통해, 온라인 바다의 박애적인 지식공유 덕분에 지금의 모습이 된 것이다. 절벽 및 폭포에서 물 맞으며 명상하다가 스스로 득도하여 지금의 자리에 있지는 않았을 것이다. 어느 날 갑자기 알을 깨고, 탈피를 하는 사람은 없다. 내가 누구인가를 타인을 통해 알았다면, 나도 다른 이의 키워드 정도는 되어 줄 수 있어야 한다. 인색하게 굴면 우리가 함께 이루게 될 성과에서 나에게 돌아오는 몫 역시 줄어든다.

직장은 학교가 아니다. 그렇지만 매뉴얼 없는 미로 찾기 게임도 아니다. 답을 가르쳐 주지는 않더라도, 적어도 룰은 알려주어야 한다.

누가 이름을 함부로 부르는가

A사 Jason | 대리

이번 달부터 전체 임직원이 영어 이름을 쓰기로 했다. 호칭도 직급 없이 이름으로 부르기로 했다. 뜬금없이 뭔 일인가. 일이나 문명인답게 좀 하지. 레오나르도나 세바스찬, 알렉산더 이런 건 너무 튀니까, 직장용으로는 무난한 게 최고다. Jason, 너로 정했어. 근데 거래처에 명함 내밀 땐 뭐라 그래야 하나. 안녕하세요, Jason 대리입니다. 뭐가 달라지는 건지, 왜 하는지 모르겠지만 하래서 하긴 하는데 어쩐지 민망하다.

A사 Jennifer | 사원

불편하다. 불편하다. 불편하다. 불편해서 죽을 것 같다. 차장님은 자꾸 이름만 부르란다. 직급도 없이 이름을 부르라니 나는 건방지지 않으나 건방지고, 무례하지 않으나 무례한 것 같아 불편해 죽을 것 같다. 내가 무슨 홍길동도 아니고 대리님을 대리님이라 부르지 못하고 차장님을 차장님이라 부르지 못하다니. 오늘도 호칭을 부르지 않고 차장님이 돌아볼 때까지 하염없이 기다렸다. 그렇게 에너지를 계속 쏴대다가 눈 마주쳤을 때 얘기했다.

A사 Joy | 차장

난 외국에서 살다 와서 그런지 영어 이름으로 부르는 게 어색하지는 않다. 그런데 다들 그런 건 아닌가 보다. Jennifer는 왜 Jason과 나를 부를 때 자꾸만 'Jason 대리님', 'Joy 차장님'이라고 부르는 걸까. 이름만 부르란 말이다! 그런데 우리 회사는 내수시장밖에 없고 해외 수출이나 지점 계획도 전혀 없는데 왜 영어 이름을 쓰는 걸까?

B사 박형섭 | 인사팀 7년 차

수평적 조직문화를 위해서 올해부터 직급을 없애고, '님'으로 부르기로 했다. 입사 후 7년 동안, 바로 어제까지 직급을 부르던 사이에서 '형섭님', '미정님'…. 적응이 되지 않는다. 어색하고 민망함이 헐벗음 수준이다. 내

친구들은 과장도 달고, 차장도 다니는데 내 연차의 대우를 못 받는 것만 같다. 입사한 지 1년도 안 되는 애들이 나랑 맞먹는 것 같아 불쾌하다. 다들 편해 보이는데 나만 그런 것 같다. 나는 꼰대인가 보다.

B사 김미정 │ 인사팀 9개월 차
우리 조직은 직급이 없다. '님'으로 부른다. 입사했을 때는 뭔지 앞서가는 느낌이 들어서 좋기는 했는데 이게 영 꺼림칙하다. 형섭님이 날 부를 때마다 '미정님아, 이거 제대로 봤어야지', '미정님아, 메일 보냈어요?' 마치 비아냥거리는 것 같이 들린다. 7080을 배경으로 하는 드라마에서나 보던 '김양아', '이양아' 같이 들리기도 한다. 기분 탓이겠지.

'수평'과 '글로벌'이 조직문화의 화두가 되면서 언제부터인가 호칭의 변화가 나타나게 되었다. 직급 타파부터였다. 어떤 곳은 조직 내에 직급체계를 모두 없앴다고 했다. 그리고 나타난 것이 '매니저', '프로' 등의 알 듯 말 듯 직급을 대체하는 용어들이 등장하더니 '님'이란 호칭으로 통일하거나 영어 이름을 부르기도 한다. 부모들은 아이 이름을 지을 때 불리는 어감뿐 아니라 예쁘고 좋은 뜻을 담은 이름으로 지으려고 고민을 한다든가, 누군가는 돈을 주고 이름을 짓기도 하는 것을 보면 호칭이란, 단순히 누군가를 부르기 위한 수단만은 아닐 것이다. 누군가를 부르고, 불렸을 때 주고받는 그 호칭 안에는 존중, 책임, 의무, 품격, 저변에 깔린 문화 등이 다 녹아들어 있을 것이다. 사상과 인격의 반영일 것이다. 그래서 호칭은 중요하다.

그런데 말이다, 개명하면 운명이 바뀌나? 이름 부르면 반드시 친해지나? 만약 그렇다면 남녀노소 모두 다 '동무'를 부르짖는 저 위쪽의 체제에선 다들 어깨동무하고 까르르대는 다정한 동무들이 되었겠지. 단순히 호칭만 바뀐다고 '수평적인 문화 오늘부터 1일'이 될 수는 없다. 뒤처지지 않아야 하니까, 그렇게 보여야 하니까 말고 다른 것들을 생각해 보자. 우리 조직의 문화는 지금 어디쯤 와 있는가, 호칭이나 직급의 변화를 어떤 식으로 우리 조직에 맞도록 반영할 수 있을까 같은 고민 말이다.

수평문화나 글로벌 문화의 장점을 지향하기 위해 선택한 호칭이라면, 그 방향성에 대한 구성원들의 이해가 선행된 후 행동에도 나타나야 한다. 일하는 방식을 포함한 행동양식에 녹아야 한다. 이름표만 바꿔 달았다고 사람이 바뀌는 것은 아니다. 또한, 직급이 줄어들거나 사라짐으로 사회적 인정욕구의 상대적 박탈감은 없는지도 생각해 보아야 할 문제이다. 친구들은 모두 승진하는데 나만 혼자 '님'에 머물러 있음이 상관없도록 만족스러운 그 어떤 것이 있는 조직인지를. 흔히들 '님'문화라고 하는데, 그것은 문화의 전부가 아니라 그 조직의 문화를 나타내는 한 부분일 뿐이다. 오용하면 언젠간 '님'문화가 표리부동의 대표적 문화라는 꼬리표를 달지도 모를 일이다.

우리는 모두가 함께 사고하고 모두가 함께 결정한다고 하지만, 수평적 사고와 협의가 있을 뿐 조직 구조와 프로세스의 완벽한 수평이란 존재하기 힘들다. 계속 커가는 현대 조직은 화백제도나 아테네 민주정이 아니기에 수평은 힘든 단어이다. 심지어 아테네 민주정에도 참여할 수 있는 계급이 엄연히 존재했다. 그런데 이름 하나 바꾸어 부른다고 수평이 하룻밤 새 찾아올 수는 없는 것이다.

'영어 이름'과 '님' 호칭이 수평적 조직?
• • •

우리 조직은 직급 없이 영어 이름으로 부르는 수평적 조직이다. 그런데 직급이 없는데 직급이 느껴진다. 리더는 편하게 의견을 교환하거나 하라지만 언제나 '답정너'다. 권한위임은 없다. 하지만 시키는 대로 하면 되기에 생각을 할 필요는 없다. 오전 내내 회의랍시고, 훈화말씀 듣느라 토하는 줄 알았다. 무슨 회의가 업무지시만 있고 협의와 합의가 없다. 그런데 회의는 왜 매번 월요일 오전 8시, 금요일 오후 7시부터 하는 거야. 심지어 아무 때나, 리더가 소집하면, 갑자기 회의가 소집된다. 계획 없는 회식만이 폭력이 아니다. 그래 놓고 출퇴근이 자유로운 자율근무제란다. 퇴근할 때 엄청 눈치 주면서. 사무실은 참으로 고요하다. 행시 준비하면 패스할 것 같은 독서실급 고요함이다. 말 섞기가 싫어서 다들 그룹 채팅이다. 매달 한 번씩 전 직원이 피자파티한다. 맨날 하는 똑같은 얘기들이라 귀에 안 들어온다. 모니터에 정리하다 만 자료만 머릿속을 맴돈다. 왜 하는지 도저히 알지 못하는 이것 때문에 오늘도 나는 피자를 씹고, 야근이다. 이것이 업무시간의 연장이 아니라 복지라 생각하는 듯하다. 대표님은 이런 생각한 본인이 좀 멋지고, 좋은 프로그램도 해주는 우리 회사가 좋은 직장이라고 뿌듯해한다. 우리 조직은 직급 없이 영어 이름으로 부르는 수평적 조직이다. 반만 맞고 반은 틀렸다. 채용 사기당한 것 같다.

그저 좋아 보인다고 포장지만 따라 하지 말자. 김치통에 과일을 담는다고 과일이 김치로 바뀌는 마법 따윈 없다. 님아, 좀, 제발.

같은 언어는
같은 정서를 공유한다

새로운 산업군으로 이직을 하여 모든 것이 낯설고 힘들 때였다. IT 산업 세상은 나에게 신세계였다. 문과 언저리만 전전하던 나에게 분명 한글 자음과 모음이 모여져서 만든 단어들인데도 해독 불능의 언어들이 가득한 세상이었다. 이제껏 살면서 듣도 보도 못한 정보의 세계에 던져져서 허우적대고 있을 때였다. 게다가 여태까지 다니던 조직들에 비해서 프로세스의 공유와 적용이 유독 쉽지 않았다. 전달하고 이해시키기도, 반응을 끌어내기도 만만치 않았다. 정확히 말하면, 겪었던 조직들에 비해 너무나 달랐다. 이 일을 하며 밥을 벌어먹은 지가 10년이 다 되어 가는 시점이었는데, 그 시간 동안 밥을 벌어먹은

게 아니라 말아먹었나 싶은 느낌이었다.

협력사 인사팀장님과 같이하는 저녁 식사 자리에서 이런저런 얘기들 끝에 요즘 적응하느라 정신없겠다는 인사말을 던진다. 산업군이 달라지니 낯설다는 대답에 웃으며 이야기하는 그분의 한 마디, "우리는 십진법을 쓰는데, 임직원들은 이진법을 써서 그래요." 그 순간, 머릿속에서 종소리가 들렸다. 박물관에서 본 커다란 에밀레종으로 내 머리를 후려 맞은 것처럼 충격과 득도가 동시에 밀려왔다.

내 방식을 바꾸어야 했다. 구성원들이 이해하기 익숙한 방식으로 접근했다. 공식적인 전달 사항은 최대한 개조식으로 작성했다. 설명이 필요한 부분은 번호를 붙여 매뉴얼화하고, 감성적 접근보다는 알고리즘화해서 충분히 논리적 이해가 가능하도록 구조화하려 노력했다. 피드백이 필요한 부분도 최대한 포맷을 개조식으로 작성하고, 선다형 예시를 두었다. 때로는 함께 교육을 듣고 회의에 참석하여 조직의 주력 사업에 관한 기본 지식을 익혀 나갔다. 그들과 대화할 때 전문가 수준은 아니더라도, 최소한 어떤 일을 하고 있는지 사용하는 용어가 무엇인지 이해할 수 있는 정도로 지식을 확장해 나가려 했다. 내 머릿속에 지식이 늘어나는 만큼 그들도 마음을 열었다. 수긍이 어렵더라도, 이견이 있더라도 무시하거나 불평이 아니라 한 번 더 이야기를 나눠보려는 긍정의 변화들을 점차 보여주었다. 내가 하는 일에 관심을 가지고 알아봐 주는 상대에게는 누구나 호감을 가지게 하면서 한 번 더 돌아보게 하는 효과가 있다. 그것이 내 곁에 있는 동료일 때는 더욱 긍정적일 테다.

십진법과 이진법의 언어. 개성적인 언어의 이해를 통한 맞춤형 소통의 중요성을 체득한 후, 그날부터 이 문장을 너무 깊이 넣어 잊어버리지 않도록 딱지처럼 꼭꼭 접어 가슴에 넣어두고 다닌다. 한 번도 생각해 본 적이 없었다. 유려하게 잘 짜인 포맷이란 어디에나 통용되리라 여겼던 것 같다. 그래서 계속 다듬어만 나가면 되겠다고 생각했다. 나라와 지역에 따라 언어가 다르다는 것은 너무나 잘 알고 있었으면서 왜 산업군이나 직군에 따라 익숙한 언어 체계를 사용하는 집단적 언어 감수성 차이는 생각하지 못했을까?

개발자는 개조식 매뉴얼에 익숙하고, 디자이너는 압축된 문구에 익숙하며, 재무담당자는 수치화된 표에 익숙하다. 인사담당자에게 회계전표는 그 안의 논리적 연관성은 알 수 없는 그저 숫자가 적힌 표일 뿐이고, 프로그래머는 빽빽한 문장이 길어지면 주어와 서술어까지의 거리가 너무 멀어 같은 줄만 계속 반복해서 읽다가 머리에 쥐가 난다. 이것은 외향적이면 운동을 좋아하고, 내성적이면 독서를 좋아한다든가 하는 일반화의 오류와는 다르다. 익숙함이 가져오는 빠른 이해를 이야기하는 것이다. 물론 만연체를 좋아하는 개발자도 있을 수 있고, 대차대조표를 좋아하는 디자이너도 있을 수 있다. 다만, 개인적 언어 성향과는 상관없이 직업에 의하여 오랫동안 같은 유형의 언어를 사용하다 보면 익숙해지고 체화되는 부분이 분명히 있다는 것이다. 야근과 철야를 몇 년 동안 반복하며 업무 메일만 키보드로 쓰다가, 글을 써보려고 펜을 잡았더니 단 한 글자도 쓸 수 없었다는 얘기는 주위에서 심심찮게 들을 수 있다.

십진법을 사용하는 재무담당자,
이진법을 사용하는 개발자

• • •

　조직이라는 커다란 수레바퀴는 구성원들의 공감을 바탕으로 각 요소를 다듬어 가야만 시스템을 위한 시스템으로 그치지 않고 진정한 효과를 내며 올바른 방향으로 나아갈 수 있다. 조직의 구성 요소들은 직군별로 전문성과 독립성을 가지되 섬처럼 존재하지 않고, 타 직군에 대한 이해도를 바탕으로 설계되어 유기적으로 시너지를 창출해야 한다. 그러기 위해서는 그들의 언어를 이해하는 것이 그 시작점이 될 수 있을 것이다. 조직문화의 변화 접점에 있는 업무 담당자들은 개별적 언어에 대한 이해도도 높아야 하지만, 그 언어 사이에서 균형감을 유지하는 일도 중요하다. 같은 언어를 사용하며 정서적 공감대를 형성하는 것은 이제껏 이야기해 온 모든 것에 영향을 미친다. 이해와 오해의 간극을 줄이고, 다양한 색깔을 수용하고, 좋은 커뮤니케이션으로 마음을 사로잡고, 서로 존중하며, 잘 전달하는 그 모든 것에 말이다.

십진법을 사용하는 회계담당자, 이진법을 사용하는 개발자. 풀어 쓰는 것에 익숙한 인사관리자, 표 그리기에 익숙한 전략기획자. 오늘도 우리는 서로 다양한 언어를 사용하며 공존하고 있다. 아는 만큼 보이고, 아는 만큼 공감할 수 있다.

잘 만들면 뭐해요,
도무지 전달이 안 되는데

새 메일이 왔다는 메시지 창은 뾰롱뾰롱 끊임없이 모니터에 뜨고, 새로운 대화를 알리는 메신저 창은 계속 깜박인다. 톡방의 알림 소리는 BGM처럼 울려댄다. 끊임없이 울려대는 단톡방 소리가 지겨워 읽지 않은 채로 창을 켜둔다. 폰 상단의 메시지 수신 표시는 늘 떠 있어서 이제는 바탕화면 같다. 도대체 공지 메일은 왜 죄다 필독이란 말인가. 필독이지 급독이 아니니 공지 메일만 따로 폴더 하나 놔드려 야겠다. 일단 급한 것 먼저 처리하고. 언젠간 읽어야지, 언젠간. 이렇게 읽지 않아 굵은 폰트로 남아있는 유효기간 지난 대부분의 메일은 주기적으로 휴지통 행일 것이다. 전화가 울려댄다.

많은 직장인이 출근 후 맞게 되는 비슷한 상황일 것이다. 와르르 쏟아지는 정보, 지시, 요청들 사이에서 우선순위를 판단하여 처리하고 쳐내고 보류하는 것을 얼마나 잘 해내느냐 하는 것이 효율적이고 효과적인 업무 처리의 관건이다. 읽지 않은 메시지가 수십여 개나 되는 지인의 핸드폰을 보고 놀란 적이 있다. 그의 대답은, 급한 일이면 다시 다른 방법으로 연락하지 않겠느냐는 것이었다.

모두 중요 표시를 해서 메일을 보내게 되면, 표시되어 수신된 모두를 중요하게 인식하지 않는다. 의도와는 반대로 모두 스팸 메일 취급을 받게 된다. 읽었을 메일조차 외면하게 만드는 효과를 준다. 모두가 필독이면 무엇부터 봐야 하는가. 우선순위가 없다. 중요한 것을 확인하기 전에 밀려오는 중요한 것들, 급한 것을 처리하기 전에 나타나는 급한 것들의 홍수 속에서 그것들을 잘 해결하기 위해서는 물론 개인의 역량이 우선이다. 그러나 그 역량에 시너지를 주고, 과부하 걸린 역량을 시스템적으로 보완하기 위한 방법은 필요하다.

연초가 되면 각종 기관의 정산이 시간차로 발생하므로 매월 월 급여 금액이 상당 부분 차이가 나게 된다. 아무런 고지 없이 나가게 되거나, 공지 사항에 떡하니 올려두게 되면 급여일부터 며칠 동안은 정산 부서 문턱이 닳고 메일함은 읽지 않음이 가득하다. 공지사항이란 것은 아무래도 급하게 처리해야 할 발등의 불보다는 소홀할 수밖에 없어서 바빠서 미뤄두거나 하는 등 읽는 시기를 놓치면 기억 저편으로 사라지기도 한다. 결국 전화로, 메일로, 직접 와서 물어대는 통에 같은 답변을 녹음기처럼 반복하다 보면 담당자는 진이 빠진다. 질문하는 사람은 한 번이지만 질문받는 사람은 질문 수×직원 수가 된다. 이런 일이 반복되면 뾰족해진 목소리로 공지사항 좀 읽으라고 받아치게 되고, 문의한 사람은 고작 한 번의 질문에 돌아오는 반응에 맘 상해서 불화가 쌓이게 된다.

C사는 이런 부분을 해결하고자 중요 변경사항이 발생하는 연초 3개월 동안만 급여 메일에 해당 월 변경사항에 대한 쉽고도 간단한 개괄적 설명을 동일하게 넣었다. 그러자 문의 횟수는 현저하게 줄었고, 짜증 섞인 문의 대신 상세한 안내에 대한 감사의 메시지가 돌아왔다. 일단 별도의 방식으로 공지가 되었을 때는 가독성이 현저하게 떨어졌지만, 본인의 급여 메일이다 보니 많은 사람이 확인했다. 아무리 쉽게 설명하더라도 동일한 개괄적 설명이므로 메일을 확인한 모두가 설명을 다 이해한 것은 아니었다. 그럼에도, 문의 전에 개략적인 안내를 받음으로써 의심이나 불신 대신 담당 부서에 대한 신뢰가 생기고 문의에 대한 문턱이 낮아짐을 느낀 것이다. 완벽하게 이해하지 못하더라도 그것으로 충분하게 되니 문의 수는 현저하게 낮아졌다. 추후 해당 부

서에서 진행하는 알림 사항에 대해서는 직원들의 관심도가 높아지는 긍정적인 효과도 가져오게 되었다.

정말 아무것도 아니다. 대단한 자료들을 분석하고 전문가 자문으로 도입한 방법이 아니다. 그저 공지하는 수단을 전체가 열람하는 게시판에서 개인 메일로 바꾸었을 뿐인데 효과는 상당했다. 목적 이상의 파생 효과까지 얻을 수 있었다. 전달하고자 하는 내용과 이를 받아들일 대상의 핵심을 파악하여 도구와 방식을 선택하는 것은 이렇게나 중요하다.

제도 자체의 맹점보다는 의외로 전달의 오류나 부재로, 시행에 문제가 발생하는 경우도 많다. 목적, 기대효과, 대상, 유의점, 중요도에 따라 전달 도구와 방식이 달라져야 한다. 가장 효과적인 결과를 보여 줄 수 있는 것으로 선택해야 한다. 그것은 메일이 될 수도, 사내 메신저가 될 수도, 그룹 미팅이 될 수도, 계층 교육이 될 수도, 설명회가 될 수도, 또는 몇 가지가 복합적으로 사용되어야 할 수도 있다. 적합한 도구와 방식이 선택되지 않을 시에는 단순히 전달의 오류만 생기는 것이 아니라, 그로 인한 오해와 불신 그리고 반목까지도 초래할 수 있다.

전달에 필요한 상황별 도구와 방식 선택

• • •

조직 내 여러 방면의 바람직한 문화를 북돋우기 위해 다양한 제도를 구상하고, 실시하며, 인식의 개선을 위해 고민하여 만든 것들을 전파하기 위해 각 조직은 오늘도 노력한다. 그러나 생각보다 실효성이 적은 것 같고, 직원들의 반응도 시큰둥하다. 관심이 없어서 모르는 것인지, 몰라서 관심이 없는 것인지. 바빠서 힘든 점을 개선하려 하니, 바빠서 신경 쓸 시간이 없다 한다. 수정과 수정을 거듭하여 얼핏 상당히 잘 만들어진 제도라고 생각되더라도, 실행 주체인 구성원들이 숙지하지 못하니 실행은 오류투성이가 된다. 매번 반복되는 상황이 낯설지 않다.

많은 조직이 어떠한 제도를 새로이 만들거나 개선할 때는 상당한 노력과 시간을 들인다. 그렇게 많은 사람의 노력으로 완성된 결과물이 나오게 되면 대부분 메일이나 게시판을 통해 공지하고, 조금 더 여력이 있는 조직의 경우에는 필요에 따라 설명회나 교육 등이 이루어질 것이다. 매번 같은 상황이 반복되면 사람들은 타성에 젖어 무감해진다. 공지 확인은 뒤로 미뤄지고, 설명회 자리에선 테이블 밑에서 각자 급한 업무를 모바일로 처리하고 있는 상황이 연출된다. 기획하고 운영할 때 들이는 고민과 노력에 비해, 어떻게 '전달'하고 '전파'할지에 대한 고민은 상대적으로 가볍게 여기는 측면이 있다. 효과적 시행의 시작은 공지와 전달에서 시작된다. 구성원들이 접하게 될 낯선 것에 대한 첫인상의 강렬함을, 조금 더 고민해 볼 필요성이 바로 여기에 있다.

틀린 게 아니라 달랐던 우리, 아름다운 이별을 권합니다

● 　　조직에는 이가 맞지 않는 블록과 같은 구성원이 있다.

매사에 조직의 합의된 룰에 제동을 걸고, 늘 불만이 가득하고, 무엇이든 한 번에 수긍하는 법이 없고, 기준선에서 튀어나와 있다. 일반적인 이해의 수준에서는 벗어나고, 늘 그를 설득하기 위한 한 단계의 절차가 더 필요하다. 까다롭고 까칠하며 상식의 기준이 다르다. 몰상식하지는 않지만 모가 났고, 불쾌하지는 않지만 불편하다. 그들도 나름의 논리는 있다. 대다수가 수긍하기 힘들어서 그렇지. 본인이 맡은 몫의 경계를 아슬아슬하게 오가며 채워주고는 있다. 자르기에는 근거가 부족하고, 품고 가기에는 버겁다.

뭐 하나 마음 붙이려고 해도 붙일 수 없는 조직이 있다.

연봉도 사람도 복지도 업무도 조직체계도 무엇 하나 만족스럽지 못하다. 레트로가 유행이라더니 유행 따라 모든 것이 시대착오적이다. 아침마다 정장을 입는 것도 불편하고, 숨소리 하나 들리지 않는 적막한 업무환경도 너무 지친다. 가족 같은 관계는 사절이지만, 어쩐지 옆자리 동료보다 건물 앞 카페 아르바이트생이랑 더 친한 것 같다. 옆 부서에 서류를 받으러 가면 주민센터보다 더 건조하다. 열정을 불태워보고자 들어왔는데 회의 시간은 이사님 훈화 시간이다. 내 생각만 다르기에 어쩔 수 없이 '네, 넵, 넴, 넹'만 하며 머리는 조건반사로 끄덕이는 자신이 너무 한심하다. 다들 불만 없어 보이는데 나만 별난 건가, 조직 생활이 다 이런 건데. 불평불만이 늘어가는 만큼 죄다 짜증스럽다. 출근만 하면 괴물이 되어 가는 것 같다.

참으로 맞지 않는 너와 내가 있다. 그런 너와 나에게는 자유로움이 방만함으로, 매너가 형식적인 것으로, 새로운 시각이 모난 것으로, 격식을 갖추는 것이 불필요한 군더더기로 비추어질 수 있다. 딱 잘라 누가 나쁘다고 할 수는 없지만, 너와 나는 너무 달라서 서로가 '틀렸다'라고 여긴다. 함께하는 것은 소모적이고, 같이 가기에는 중요한 것을 각자 포기해야 할지도 모른다. 너는 오른쪽으로, 나는 왼쪽으로 가는 이인삼각 경기 같다. 결승점에 다다르기 어려워 보인다.

양쪽 손바닥도 맞춰보면 그 크기가 다른데, 딱 맞는 두 손만 맞잡겠다 할 수는 없다. 조직과 구성원은 함께 나아가기 위해 서로 맞춰가며 그 차이를 줄여나가고, 접점을 찾으려 노력해야 한다. 공감하며 합의 하에 정해놓은 골인 지점이 있고 그 길을 함께 가고자 도원결의했더라도, 골인 지점까지의 여러 가지 경로에 대한 생각이 다를 수 있다. 최단 거리, 최소 환승, 최단 시간, 선호 수단 등 여러 길 가운데 합리적인 선택을 해서 나아가야 한다. 각자가 생각하는 최적의 경로는 다를 수 있고, 그러다 보면 갈림길에서 멀어지고 다가가기를 반복하게 된다. 반복을 통해 손잡고 같이 가는 시간을 늘려가고, 최적 경로를 합의해 나가는 것이다.

그러나 이런 노력이 모든 경우에 해당되는 건 아니다. 목적지가 아예 다르거나 중도에 마음이 바뀌어서 경로 이탈을 할 경우, 같은 목적지를 향해 가지 않는 서로를 어떻게 하면 좋을까. 목적지는 여전히 다른 상태에서 서로를 품음으로써 벌어진 간극만큼 그 길들 위에는 균열과 빈 곳이 생길 것이다. 구멍 난 길의 조각들을 조직 내의 다른 누군가가 열심히 메꾸면서 가야 한다면 그것은 아름다운 동행이 될 수 없다. 놀랍고 고귀한 아가페적 사랑은 종교에 양보하는 것이 현명하다. 그렇게 다른 채로 꾸역꾸역 함께하다 보면 다른 것은 어느새 틀린 것이 되고, 틀린 것은 나쁜 것이 된다. 날마다 깨고 깨지고 분노하고 폭발한다. 서로를 폄하하고 무례해지고 비난한다. 남는 건 상처뿐인 노력이다.

서로 탓만 하다 날 샐 거라면

· · ·

맞지 않는 것이 틀린 것은 아니다. 한쪽이 틀렸기 때문에 맞지 않는 것이 아니다. 그저 다를 뿐이다. 나와 맞지 않아 불편했다고 해서, 다른 사람에게도 그런 것은 아니다. 이보다 더 좋을 수 없는 환상의 호흡을 보일 수도 있다. 그러니 서로에게 더 맞는 짝을 찾아 행복하기를 축복해 줘야 한다.

말만 듣기 좋게 돌려 한 것이지 결국은, 자르거나 사표를 내던지는 게 아니냐고 할지도 모른다. 그것과는 명백히 다르다. 서로가 바닥을 내어 보이며 케케묵은 치부까지 다 까발려 상처 주고 소금까지 치며 침 뱉고 돌아서는 이별과 서로의 입장을 충분히 이해하고 마지막까지 각자의 책임을 다하며 응원해 주는 이별은 엄연히 다르다. 전자는 불구대천의 원수가 되어 서로 악성 루머를 퍼트리는 지리멸렬함이 있을 것이고, 후자는 좋은 조력자로 인연을 이어갈 수 있을 것이다. 예의 있고 좋은 이별도 충분히 가능하다. 버티지 말고 헤어지라는 것이 도망가거나 포기하라는 말은 아니다. 더 생산적이고 합리적인 선택이 분명히 있다. 불협화음의 시간을 너무 오래 끌어가며 우유부단하게 뭉개고 있지 않아야 한다. 그러다 보면 결국 전자의 수순을 밟을 가능성이 높기 때문이다. 서로 탓만 할 거라면 아름다운 이별을 권한다. 망가지는 시간만 더 해갈뿐이다.

　가까이에서 바라보면 전체가 보이지 않는다. 가까이에서 바라보면 유독 그 흠결만 도드라져 보인다. 한 발짝 떨어져서 보면 흠처럼 보였던 그것이 도리어 매력인 경우도 있다. 굳이 서로를 붙잡고 허우적대지 말자.

이 모든 것의 바탕에 필요한,
그것

"어떤 조직을 만드는 것이 당신의 최종 목표인가요?"

업무와 관련하여 이제껏 가장 많이 받은 질문 같다. 그에 대한 나의 대답은 오래전부터 같다. 그리고 그 대답은 바람직한 조직문화를 위하여 모두가 지향하길 바라고 지향해야 한다고 생각한다. '올바르게 성공하는 조직, 그 안의 개인이 행복한 조직. 그런 조직문화를 함께 만들어 내는 것.'

이 무슨 도덕책에나 나올 법한 꿈꾸는 소리인가 싶을 수 있다. 너무 뻔해서 진심이 보이지 않는 자기소개서용 멘트도 아닌데 말이다. 눈

섭 휘날리게 급변하고 글로벌적으로 치열한 전쟁터 안에서 두리뭉실 그런 얘기 말고 좀 더 구체적이고 실무적인 얘기를 해야 전문성의 내공이 느껴지지 않겠는가. 대놓고 말을 하거나, 대놓고 말을 하지 않아도 이미 표정으로 그런 말을 하는 사람도 있었다. 너무나 초급 수준의 대답이라거나 현실과 동떨어진 책상물림 같은 소리라고도 했다. 그러니 돈 버는 사람 따로, 쓰는 사람 따로 있는 것이라고도 했다. 올바르면 돈을 벌 수 없고, 돈을 써야 행복하다는 말인가.

그런데 이게 정말 벽에 걸린 액자 속 문구일까. 바람직한 조직문화를 위해서는 '올바름'과 '개인의 행복'이 최우선에 있어야 한다. 이 책 전체에 나열된 각 장은 결국 행복을 위한 이야기였다. 우리 조직이, 그 구성원들이 행복해지기 위한 요건과 제거해야 할 장애 요소에 대한 이야기이다. 그리고 그 모든 것을 뭉뚱그려 '조직문화'안에 넣었다. 조직도, 구성원들도 모두가 행복할 수 있는 조직문화를 고민해 보고 싶었다. 하지만 최종 목적지는 모두의 행복이거나 행복한 조직이 아니라 굳이 '개인이 행복한' 상황을 선택했다. 대부분의 일이 그렇듯 모두가 만족하기란 쉬운 일이 아니다. 비가 오면 소금장수 자식이 속상할 것이고, 해가 나면 우산장수 자식이 불만일 것이다. 조직을 운영하는 과정에서 어느 한쪽을 선택할 수밖에 없는 상황이 발생한다면 구성원 개인의 행복을 우선시하는 것이 장기적 관점에서 합리적이라 본다. '성공하면 반드시 행복한 것이 아니라 행복한 사람이 성공한다'라는 성공과 행복 사이의 필요충분조건에 대해 한 번쯤 들어 보았을 것이다. '조직의 성장 = 조직의 성공'이라면, 이렇게 재조합 해 볼 수도 있다. 조직이 성장하면 개인이 반드시 행복한 것이 아니라, '행복한 개인이 조직을 성장시킬 수 있다'라고 말이다.

내가 행복해야 행복한 조직이 되고, 성장하는 조직이 된다. 행복한 개인들이 모인 조직은 성장한다. 즉, 성공적인 조직은 개인의 행복에 의해 결정된다. 조직 구성원으로서 내가 행복해지기 위한 조건에 대해서는 여러 가지를 떠올릴 수 있다. 내가 나를 알아야 행복해질 수 있다. 내가 무엇을 좋아하는지, 내가 무엇을 할 때 가장 즐거운지, 성취감을 느끼는지. 무엇보다도 나를 나답게 지탱하는 코어, 내 중심이 무엇인지를 알아야 한다. 그리고 그것은 결코 타협되어서는 안 된다. 내 중심이 견고해야 흔들리지 않는다.

흔히들 버티는 자가 살아남는 것이고, 살아남는 자가 이기는 것이라고 한다. 무작정 뭉개고 버티기보다는 아름다운 이별을 권해 놓고서는 무슨 이런 이율배반적인 말이냐고 할지도 모른다. 버티는 것이 꼭 장소일 필요는 없다. 타협하지 않고 버텨야 하는 그것은 나의 신념이고 가치를 두는 소신이어야 한다. 그리고 그것에는 올바름이 반드시 동반되어야 바람직한 조직문화를 만들 수 있고, 조직은 올바르게 성장할 수 있다.

올바름을 외면한 채 덩치만 커지게 되면, 그렇게 커진 덩치는 누군가의 고통을 갈아 넣은 성장일 수밖에 없다. 그런 조직은 언젠가는 반드시 민낯이 드러난다. 아무도 모르더라도 그들 스스로는 안다. 그리고 그 안에 있는 개인들은 안다. 그 올바름에는 사회적 역할도 분명히 있겠지만 거창한 대의나 의식 있는 큰 목소리만을 말하는 것이 아니다. 작은 부분에서의 직무 윤리, 법의 준수, 정당한 경쟁과 평가, 존중과 배려, 예의, 소통의 자세 등이 모두 포함된다. 각자의 위치에서 가져야 하는 기본을 지키는 '올바름'이 핵심 안에 있어야 한다. 이런 올바름은 더 높이, 더 많이 가질 기회를 놓치게 되더라도 끝까지 놓지 않고 조직문화 속에 녹여 넣어야 할 기본 가치이다.

무엇에도 흔들리지 않을 신념,
올바름에 대한 가치

• • •

직장은 단순한 밥벌이일 뿐이고 바람직한 조직문화 따위는 중요치 않다고 생각하는 사람들조차도 사회 전체 조직문화의 성숙도를 가늠하는 데 있어서 이미 자신도 모르게 한 부분을 담당하고 있다. 각자가 몸담은 조직과 직무 관계 맵의 수많은 가지 중 일부인 것이다. 그러므로 나에 대한 부끄럽지 않은 믿음이 있어야 한다. 당장 큰 변화가 아니더라도, 오늘의 작은 선택들이 선한 영향력의 밑거름으로 모여지게 된다. 그래 봤자 당장 나에게 어떤 변화와 이익이 있는 것도 아니라고 생각한다면, 에드워드 저드슨 박사의 말을 떠올렸으면 좋겠다. '만일 당신이 노력 없이 쉽게 누리고 있다면 그것은 당신 이전 사람의 성공 없는 노력 덕분이다.'

지금은 너무 당연하다 생각하는 문화도, 우리가 그다음 단계의 고민을 함께 할 수 있는 것도, 모두 과거의 누군가가 타협하지 않고 버텨주었던 덕분이다. 변화와 이익이 없더라도 해야 한다. 받았으면 갚아야 한다.

올바른 가치를 소중히 여기며 성장하는 조직이 구성원들도 소중히 여긴다. 그런 조직에서 개인은 행복할 수 있다. 행복한 개인이 모여 조직을 성장시킨다. 아름다운 무한루프다. 그러니 우리는 행복을 위한 핵심에 올바름을 포함시켜야 한다.

직원과 회사 모두를 위한
조직문화 핵심정리

"권리 위에 잠자는 자는 보호받지 못한다."
— 독일 법학자, 루돌프 폰 예링

주어진 권리더라도 지키려고 노력하지 않는다면 당연히 누려야 할 권리도 침해당할 수 있다. 직장 생활에서 개인과 조직, 비단어느 한쪽에게만 적용되는 문구일 수는 없다. 지켜주는 것 또한, 보호받는 길이므로.

하나, 직원 편:
아름다운 조직문화를 위해
포기하지 말고 당당하기 위한 백서

1. 나는 나쁜 게 아니다, 뱃심을 키워라

당신은 매사에 따지고, 빡빡하게 굴고, 꽉 막히고, 버릇없고, 튀고, 자기주장 강하며, 자기 일만 중요한, 얌체같이 칼퇴근하는 사람이 아니다. 당신은 논리적이고, 꼼꼼하고, 원칙을 지키고, 권력에 휘둘리지 않고, 개성 있고, 의사표시가 명확하며, 맡은 일에 완벽한, 자기관리를 할 줄 아는 사람이다. 아랫배에 힘을 꽉 주고 당당해져라. 당신은 나쁜 게 아니다.

2. 채용 인터뷰는 첫 만남, 사귀기 전에 잘 살펴보자

두근대는 첫 만남에 상대에게 잘 보이기 위한 것만 신경 쓰다가는 정작 내 앞에 앉아 있는 사람이 누군지, 내가 잘 보이려고 한 대상이 누군지도 파악하지 못하는 경우가 생긴다. 채용 인터뷰는 나만이 대답하고 나만이 간택되어야 할 일방적인 자리가 아니다. 궁금한 건 죄다 물어봐라. 꼭 챙겨야 하는 중요한 질문은 적어가서 컨닝하며 물어봐도 좋다. 물론, 미리 양해를 구하고 컨닝을 하는 정도의 센스는 보이자. 마이너스가 될까 봐 두렵다고? 오히려 준

비성 있고 꼼꼼하며 확고한 가치관이 있는 지원자로 보일 수 있다. 다만, 질문의 질적인 수위로 인한 마이너스는 장담할 수 없으니 평소 본인의 생각을 잘 다듬어 놓으시길. 언제나 문제가 되는 것은 질문의 수가 아니라 수준이다.

3. 수습 기간 이것만은 꼭: 내 취향 파악하기

합격 통보를 받고 발밑 5cm 공중부양 기분과 더불어 멋진 직장인인 내 모습이 파노라마처럼 펼쳐질 때 정신을 꽉 잡아야 한다. 근로계약서 사인을 했으니 다 마무리된 것 같겠지만, 고생 끝인 건지 '헬게이트' 오픈인 건지 확인 단계가 아직 남아있다. "특별한 사유가 없으면"이라는 말로 계약과 동시에 정직원이 된 것으로 착각하게 만들지만, 근로계약서에 기재된 수습 기간은 조직을 배워 익히는 통과의례 같은 기간만이 아니다. 조직이 근로자를 합법적으로 아웃시킬 수 있는 가장 번거롭지 않은 기간이기도 하다. 아, 그렇다면 어떻게든 좋은 결과로 눈에 들어야 하는 살 떨리는 기간인 건가? 반대로 생각하면 직원 역시 조직 업무와 관계의 부담이 적은 상태에서 가뿐하게 털고 나갈 수 있는 기간이기도 하다.

채용 인터뷰가 첫 만남이라면 수습 기간은 결혼을 전제로 만나는 연애 기간이다. 연애 기간에는 내 취향과 당신의 취향을 파악해야 한다. 우리가 정말 잘 맞는 사이인지, 내 인생에 이것만은 반드시라고 생각하는 것을 함께 할 수 있을지 알아야 한다. 기필코 내 심신의 고생을 자양분 삼아 견뎌내고 싶은 생각이 아니라면 두 눈 크게 뜨고 잘 확인하자. 결혼에 목말라 눈 가리고 아웅하지 말고, 혼인신고하기 전 사귀는 단계에서 잘 살펴보자. 긴 시간 고통받지 않기 위해서.

4. 무조건 다 해 준다면 의심해 봐라

자본주의 사회의 고용인과 피고용인의 만남은 조건부 만남, 전략적 제휴, 공동가치 달성을 위한 동맹이다. 그런데 무조건, 다 수용한다는 건 있기 힘든 일이다. 분명 그 조건이 있을 것이고, 내가 그만한 가치 창출이 가능한 조건을 갖추었는지 냉정하게 판단해 보자. 그럼에도, 무조건 다 해 준다면 의심해 봐야 한다. 다단계는 아닌지, 전임자가 사흘을 못 버티고 도망가는 자리인지, 신도 영입에 목마른 종교단체인지.

5. 얼굴에는 웃음을, 입에는 심지를

역량은 없으면서 말 같지도 않은 말을 옮기고 다니는 동료, 사고만 퍼질러 놓으면서 빼질거리는 후배, 농담이랍시고 아슬아슬하게 수위 조절이 안 되는 '선넘이' 상사. 그냥 놔두면 습관이 일상이 되고, 일상은 당연시된다. 얼굴에는 웃음을 입에는 심지를 담아서, 상대가 정색하며 화내기에는 웃고 있고 흘려넘기기에는 혈을 누르는 말을 건네보자. 나쁜 버릇은 고쳐주는 애정 넘치는 관계를 만들어 보자. 단, 제대로 된 기술을 시전하기 위해서는 꾸준한 수련과 내공이 필요하다.

6. 어리석은 똑똑이의 따지는 방법

당신이 옳은 건 모두가 안다. 그러나 옳다는 논리 하나만으로 당신의 의견과 태도가 합리화되는 것은 아니다. 사람과의 관계는 입력값을 천천히 넣든, 기분 좋게 넣든, 분노를 넣든 간에 입력값만 똑같으면 출력값이 정해진 기계와는 다르다. 당신이 넣었다고 생각한 입력값 외의 것들을 당신도 모르는 사이에 입력하고 있었고, 그것이 합해져 피드백으로 돌아온다. 논리만 가지고 따지고 들자면 당신은 백전백패하는 어리석은 똑똑이가 될 수밖에 없다. 조금만 더 연구하자. 뉘앙스와 표정과 어휘와 제스처와 평소의 신뢰 관계와 타이밍 등을.

7. 현명한 손절은 포기가 아니다

포기하는 사람이 모두 실패자는 아니고 앉은 자리에 뿌리가 내리도록 뭉개고 있는 것만이 미덕은 아니다. 끈기와 미련은 다르다. 너무 많이 잃고 있다고 생각될 때 털고 일어나라. 다 잃지 않왔다면 최소한 하나는 가져갈 수 있지 않은가. 현명한 손절의 적절한 타이밍을 잡기 위해 우리는 '애자일'과 '린'을 배워온 것이다. 아무렴, 그렇고말고.

8. 일로써 무장하기

권리, 트렌드, 수평적 조직문화 다 좋은 말이다. 그러나 이보다 우선되어야 하는 건 일로써 나를 무장해야 한다는 것이다. 내 일에 있어서는 프로가 되어야 한다. 직장은 친목단체도 학교도 아니다. 가장 기본이 완성되어 있어야 내가 이야기하고 주장하는 다른 모든 것에 타당성과 신뢰가 부여된다. 우주최강 까칠한 상사도 일 잘하면 인정이 되고, 스티브 잡스의 한결같은 청바지와 터틀넥의 패션 테러도 성공하니 시그니처로 달리 보인다. 가장 기본이 되고, 강력한 무기는 전문성이어야 한다.

9. 돌아이 질량 보존의 법칙, 사실 고마운 그들

어디에나 계시는 공공의 적은 오늘도 '열일'을 한다. 그들의 '돌아이력'은 쉬지 않고 성실하다. 그런 그들은 소중하다. 우리를 결속하게 하는 원동력이 되고, 저렇게는 되지 말아야지 하는 고마운 표본이 되며, 소소한 스트레스 해소용 안주가 되는 고마운 그들. 조금만 바꿔 생각하면 세상엔 버릴 것이 하나도 없다. 개똥도

약에는 쓰인다 하니, 질량보존을 위해 애쓰는 세상의 무수한 돌아이들에게 심심한 고마움을 가지자. 긍정적인 마인드는 나를 숨쉬게 만든다. 우주멸망파괴대마왕급의 돌아이는 제외. 그건 약에도 못써.

10. 전문가 자문은 나의 힘

직장 생활을 하다 보면 어려운 것투성이다. 입사부터 퇴사까지의 서류들은 다 제출해야 되는 건지, 매년 하는 연말정산은 할 때마다 헷갈리고, 급여에 세금은 왜 매번 다르게 떼지는 건지, 휴직이나 휴가는? 또 수당은…? 분명 한글인데, 공지 글은 읽어봐도 도통 알 수가 없다. 그러면 대부분은 달라는 대로, 주는 대로, 처분대로 살아간다. 궁금하면 물어보고 나의 권리를 찾아라. 해당 부서를 귀찮게 해라. 문턱이 높다면 주위를 둘러보라. 노동청이 불통일 때는, 웬만한 상담 정도에는 대충 답이 나올 만큼의 지식이 쌓인 고개가 굽이굽이 험난했던 분들은 어디에나 있다. 관공서의 전문가를 이용하라. 당신의 세금으로 만들어진 창구이다. 당최 연결이 어렵다면 요즘엔 각종 SNS나 앱에도 전문가 수준의 정보가 잘 정리되어 있다. 검증된 곳의 레터를 정기적으로 구독하는 것도 방법이다. 모르는 것이 부끄러운 것이 아니라, 모르는 상태로 나를 방치하는 것이 부끄러운 일이다.

11. 있어도 못 쓰는 각종 제도 어떻게 할까

뭘 어떻게 해. 규정대로, 법대로 해야지.

12. 같이 맞으면 덜 아프잖아, 심약한 자들의 소소한 연대

다른 팀의 일, 다른 사람의 일일뿐이라고 외면하지 말자. 나한테도 불똥 튈까 봐 귀 막고, 눈 감고, 입 닫고 있지는 않은가. 불똥은 규칙적으로 예측 가능하게 튀지 않는다. 그 불똥, 언제 나에게 튈지도 모른다. 같이 맞으면 물리적인 아픔은 몰라도 심리적인 아픔은 분명히 줄어든다. 약자일수록 연대해야 한다. 가는 실들이 여러 겹 꼬여서 굵고 튼튼한 밧줄이 만들어진다. 낙숫물이 바위도 뚫는다.

13. 꼰대에게는 센스 있는 강약 조절의 밀당이 필요하오

눈치를 보는 것과 눈치껏 요령을 가지는 것은 분명 다르다. 전자는 체념이고 후자는 전략이다. 복장을 두고 유난히 깐깐하게 지적하는 상사가 있다. 며칠은 편하게, 한 소리 들을 것 같은 타이밍엔 포멀하게, 이런 식의 센스를 발휘했을 때 그도 서서히 쿠션에 의한 완충으로 복장에 대한 고정관념에 변화를 가져올 수 있다. 물론, 어떤 짓을 해도 깐깐함의 성벽을 무너뜨리지 않는 사람도 있지만. 편한 복장만큼 일도 편하게 하면 안 된다. 업무능률을 확실히 보여야 하는 것이 조건이다. 후진기어 없이 들이밀거나 직진 본능만 발휘하지 말고, 상대를 파악한 적절한 '밀당'도 필요하다.

14. '그러지 마, 네 권리야' 눈치 보지 않는 권리를 위해

휴가 하루 쓰는 것에도, 서류 한 장 받는 것에도 나는 왜 이리 작아만지는가, 나의 당당한 권리임에도 불구하고 말이다. 심지어 나의 당당한 권리임을 인지조차 하지 못하고 있는 경우도 있다.

그래도 위축된다면 ☞ 1번으로 돌아가시오.

잘 모르겠으면 ☞ 10번으로 돌아가시오.

15. 묵혀서 좋은 건 된장, 내 감정 묵혀봐야 화 된다

감정은 발효식품도 아니고 사골국도 아니다. 자꾸만 묵히고 고아대지 말라. 종갓집 씨간장도 아닌데 자꾸만 묵혀 두면 하얗게 불타올라 산화가 되던지, 웅가가 되던지 둘 중 하나다. 바람직하게 분출할 수 있는 나만의 방법을 찾아야 한다. 드럼을 치든, 폭포 밑에서 소리를 지르든, 이너피스를 되뇌며 뇌호흡을 하든, 130bpm 이상의 이불킥을 하든. 가장 좋은 방법은 원인 제공자와 직접 맞닥뜨려 해결하는 것이지만, 내공을 갖추고 시도하기를 추천한다. 감정의 찌꺼기로 괜한 화를 만들지 말라.

16. 괴물을 만들어주다 보면 나도 괴물된다

태생적으로 뼛속 깊이 상식도 없이 타인을 숙주 삼아 기생하고자 하는 인간도 가끔은 있으니, 피할 수 없어 부딪쳤으면 반드시 이겨라. 정의는 승리하리. 좋은 게 좋은 거라며 무마하고 싶은 마음은 비겁함의 또 다른 모습이다. 과거 누군가의 그런 마음이 지금 당신 앞의 괴물을 만들어 놓았는지도 모른다. 그러다 보면 심心이 신身에 전이되고 신이 심에 전이되어 피폐해지고, 분노는 또 다른 방식으로 표출된다. 점점 더 거칠어지는 나를 매일 만나게 되는 일은, 참 슬프다. 온몸이 심지 같아져서 누군가 불씨를 대면 화르륵 타오르는 괴물이 되어 있는 나를 발견할 수도 있다.

17. 화내기 전 확인하기

들리는 이야기만으로 추측하여 감정을 와장창 무너뜨리지 말자. 상대의 입에서 나온 이야기라도 그 자리에서 불타오르지 말자. 흥분하면 혈액이 근육으로 돈다고 한다. 그래서 주먹부터 먼저 나가게 되는 거라나. 숨 한번 고르고, 나를 식힌 다음 최상의 현명한 컨디션으로 사실 확인부터 하여 상황을 조합하고 판단하는 것이 중요하다. 감정으로 드리웠던 거짓 정보를 걷어내면 다른 것이 보일 수도 있다. 실수하지 않으려면, 그 이후에 분노해도 늦지 않다.

18. 역량 안 되는 사람이 상대방 역량 탓한다

조직 생활이란 톱니바퀴와 같다. 들어가고 나간 곳이 서로 보완하여 딱 맞물릴 때 제대로 굴러가는 톱니바퀴의 이처럼, 누구나 강점이 있으면 약점이 있게 마련이다. 상대방의 역량 탓만 하는 짓은 본인의 부족한 점을 인지하지 못할 때 주로 발생한다. 가끔, 가뭄에 콩 나듯 현실성 없이 완벽하고도 찬란한 캐릭터들은 있게 마련이지만. 하지만 그 정도 역량이 되는 사람은 상대를 탓하지 않는다. 그 시간에 해결 방안을 강구한다. 그들에게 민폐 캐릭터들은 이미 '아웃오브안중'이다. 이 시간에도 남 탓만 하는 누군가가 있다면 안쓰럽게 쳐다봐 주자. 비난할 시간은 나의 발전을 위해 쓰고.

19. 원래부터 그런 건 없다

'원래 그런 거야.'라는 말에 쉽게 수긍하게 되는 순간, 당신은 원래 그런 세상에 입성하게 된다. 개인도 조직도 더는 나아가지 않고 그 자리에 철퍼덕 주저앉기로 합의한 세상이다. 옳고 그름에 적당히 눈 가리고, 적당히 모른체해주는 미덕을 발휘하며. 모두가 꺼리는 더러운 물에 기꺼이 자신의 팔을 담그고 휘젓는 동료는 당신의 일상을 번거롭게 만드는 사람이 아니다. 모난 돌의 역할을 할 자신이 없다면 적어도 탓하지는 말자. 처음부터 원래 그런 건 없다. 비겁한 방관이 무수히 모여서 원래 그런 것에 타당성을 부여한다. 원래 그런 걸 깔끔하게 받아들이는 것이 옳다고 착각하게 만든다. 바로 지금 당신의 선택이 모여 '원래 그런 세상'을 만들지 말지 결정하게 됨을 알자.

20. 억울하게 살지 말고, 흔쾌하게 살기

사이다처럼 뚫어뻥처럼 변비약처럼 시원하게 빵빵빵 뚫어대며 살고 싶지만 지금의 나는 그러하지 못하다면, 앞에서 언급한 내용들을 얼마나 행동으로 옮겨 보았는지 손가락으로 헤아려 보자. 누군 몰라서 안 했나, 먹고살려니 못한 거지. 그런데, 알면서 안 한 건 못한 게 아니다. 다들 각자의 사정이 있지만, 그럼에도 누군가는 용기 있는 선택을 한다(그리고 법의 테두리 안에서 일방적인 해고는 생각보다 간단하지 않다). 당신은 무엇이 더 중요한가. 불평 가득 억울하게 살지 말고, 조금만 더 용기 내어 흔쾌하게 살기를 바란다. 살아내는 것이 아니라, 행복하게 살기를 바란다.

21. 여기가 지옥 같아도, 다른 어딘가는 두려운 당신

불만은 뭉게뭉게 뭉게구름 피어나고 마음은 늘 자유로운 도피를 꿈꾼다. 그러나 현실의 당신은 두려움에 이것저것 핑계를 대고 있지는 않은가. 무능한 상사의 뒤치다꺼리에 개념 없는 후배들,

능력 없고 무례한 동료들로 인해 끊어지기 직전의 신경줄을 묶어대고 있다면, 새벽에 퇴근해서 아침에 출근하기와 야근의 연속이라면, 고독하게 매일 밤을 지새우는 로빈슨 크루소 같이 스스로를 조금씩 갉아먹으면서 자신을 잃어 가지 말라.

퇴사는 권리이고, 권리에는 반드시 책임이 따른다. 그 책임이 너무 무겁다면 그곳에 머무르는 것이 맞을지도 모른다. 하지만 이제껏 제대로 열심히 살아왔다면 당신은 꽤 괜찮은 사회인일 테니, 당신을 위한 다른 어딘가가 있긴 할까 너무 두려워하지 말라고 이야기해 주고 싶다.

피고용자가 가진 유일한 일방적 권리는 바로 '퇴사할 권리'이다. 그 유일한 권리를 현명하게 사용하자. 모두가 응원하지는 않더라도 나는 나를 응원하자.

둘, 회사편:
긍정적 조직문화를 위해
이것만은 갖추고 시작하자

1. 채용 인터뷰는 갑과 을의 만남이 아니다

채용 인터뷰는 가치와 목표를 공유하며, 이를 이루기 위해 각자가 가진 자원의 조건을 맞추어 보기 위한 자리이다. 그러니 채용 인터뷰 자리는 동등한 개체로 마주해야 한다는 말이다. 조직이 더 나은 인재를 찾듯이, 개인도 더 나은 직장을 선택하려 한다. 조직 역시 비교 경쟁 시장에 나와 있는 것이다. 간택되기만을 바라는 수많은 지원자 위에서 취사선택만 하는 고객이라고 착각해서는 안 된다. 인터뷰어는 예비 입사자에게 가장 먼저 조직의 이미지를 심어주는 마케터이다. 그래서 인터뷰어 교육이 필요하다. 목에 힘을 주고 시선을 내리 까는 고압적인 태도와 말도 안 되는 질문을 읊어댄 당신 덕분에 훌륭한 인재는 당신의 회사를 등지고 잽싸게 달음질한다는 사실을 알아야 한다. 그리고 제발, 인터뷰 들어가기 전에 이력서는 좀 읽고 들어가라.

2. 좋은 게 좋은 것? 명확한 게 좋은 것!

구성원들 간에 발생하는 문제, 노무 이슈, 연봉 협상…. 각종 고충 상담에 '좋은 게 좋은 것'이라는 말을 자주 사용하진 않는지. 여기서 좋은 건 도대체 누가 좋은 것이며, 좋은 것의 기준은 무엇인가. 심지어 좋은 것이란 실체조차 명확하지 않은 경우가 많다. 두리뭉실, 슬라임 덩어리처럼 형체 모호한 '좋은 것'의 정체는 이 자리만 무마하기 위함이거나, '그 입 다물라'에 가깝다. 다수가 모여 공동의 목표를 이루기 위한 '조직'이 효과적으로 나아가기 위해서는, 좋은 게 좋은 것이란 없다. 명확한 게 좋은 것이다. 무엇이든지 확실하게 갖추고, 명확하게 시행하자.

3. 나중에 잘해 줄게? 우리가 나중에 볼 수나 있을까

마음은 그렇지 않은데 지금은 여력이 되지 않아서, 다음 분기에는, 내년에는, 형편이 좀 나아지면 등의 무한반복 재생에 마음만 가득 넘치도록 받다 보면, 결국 그 마음을 의심할 수밖에 없는 순간에 이른다. 그래서야 나중에 잘해 줄 사람이 남아나기나 할까. 적절한 보상을 적절한 시기에 줄 수 없다는 말의 다양한 표현 스킬만 업그레이드시키지 말고 실현 가능한 구체적 대안을 제시해 주어야 한다. 진정성 담은 계획적인 미래 없이 '나중에'만 남발하는 것은 양치기 소년이 되는 지름길이다. 그렇게 영혼 없는 마음만 주다 보면, 아마 직원들로부터 똑같이 마음만 받게 될지도.

4. 까칠한 직장이 나의 권리를 지켜준다

뭔가를 신고해야 할 기간이 되면 온통 자료를 뒤지느라 푸닥거리를 하고, 제안서 제출 마감을 코앞에 두고서 각종 구비 자료를 취합하느라 난리굿을 벌이는 조직이 의외로 많다는 건 놀랍지도 않은 일이다. 뒤지고 취합하는 자료 대부분은 조직이 기본적으로 갖추고 있어야 하는 데이터베이스인 것도 새삼스럽지 않다. 그 핑계는 직원 사랑에 눈물겹다. "그 많은 데이터는 직원들이 취합하여 정리해야 하는 것들이 많은데 시간도 시간이지만, 자꾸 직원들에게 뭘 내놓으라고 하고 확인하라고 하면 번거로워서." 직원 핑계 대지 말자. 똑똑이들은 갖춰야 할 것들을 칼같이 요청하고 구비하는 조직이 더 바람직하고 나은 조직이란 걸 안다. 그런 조직이 나의 권리도 칼같이 지켜 줄 것을 안다. 조직의 직무유기를 직원으로 방패 삼지 말자.

5. 가족 같은 회사? 우리 가족은 나한테 안 그래

진짜 가족 같은 조직을 원한다면 내일부터 아침에 깨워줘야 출근할게요. 피곤하면 팀장님 본부장님한테 일 다 미루고 밥은 내가 먹고 싶을 때 먹을 거고요, 느지막이 저녁 먹고 우리 팀원들끼리 게임 한 판 하고 퇴근할게요. 너무 늦게까지 하면 내일 출근 못 할 수도 있고요.

그런데 가족 같은 직장을 부르짖는 조직이 상황에 따라 직장은 학교가 아니라며 정색한다. 원하는 것이 있을 때는 가족이 되고, 제공해 주어야 할 때는 학교조차 되기 싫은 것이다. 가족은 사람 몇 명 갈아 넣어서 무위도식하지 않고, 자식 같아서 그런다며 요상한 눈빛으로 바라보지도 않고, 사람을 장작개비처럼 하얗게 불태워 버리지도 않는다. 그러니 지긋지긋한 가족 타령은 이제 제발 좀 그만.

6. 그거 뭐, 대단한 거라고

4대 보험, 퇴직금, 연차 15일, 산전후휴가, 남성 육아휴직, 주 52시간 근무…. 당연한 걸 특별한 복지인 것처럼 광고하지 말자. 그거 다 법이 정한 거잖아. "월급 밀린 적 없이 꼬박꼬박 잘 나와요." 이건 정말 답 없다. 당연한 건 당연할 뿐, 자랑거리가 아닙니다.

7. 숨 고르고 찬찬히 다시 보면 말장난

"우리는 사람을 가장 중요하게 생각합니다. 수면실과 샤워실을 제공하여 최적의 상황에서 업무에만 몰입할 수 있는 여건을 제공합니다. 야근 식대와 야근 교통비가 제공됩니다. 이직 이력이 적으신 오래 일하실 분 선호합니다." = "우리는 일만 하는 사람을 가장 중요하게 생각합니다. 퇴근 없이 회사에서 쪽잠 자고, 회사에서 씻으면서 과다 노동할 수 있는 최적의 여건을 두루 갖추고 있습니다. 야근은 일상다반사입니다. 도망간 사람이 많으니 지박령처럼 오래 버티실 분 선호합니다."

진짜로. 정말로. 사람을 가장 중요하게 생각하자.

8. 글로만 존재하는 복지

"응, 잔치에 가도 돼. 벼 찧고, 베 짜고, 물 긷고 다 해놓고 가면 돼." 흡사 산더미 같은 일거리 해치우면 잔치에 놀러 가도 된다는 팥쥐 엄마의 미션 같은 각종 제도. 압권은 밑 빠진 독에 물 긷기 미션. 누가 봐도 콩쥐 너는 잔치에 가지 말라는 거지. 차라리 만들지 않았으면 욕이라도 안 먹었을, 만들어 놓고도 외면당하는 복지. 글로만 존재하는 복지가 되어 버리는 이유는 보기에 멋지고도 완벽하게 규정화하는 데서 끝을 맺었기 때문이다. 일단 우리 조직에 맞는, 실현 가능성이 있는 복지의 기획이어야 한다. 그리고 안정적으로 정착할 때까지 시행 주체들의 인식 점검은 물론, 적용 기준과 범위가 동일할 수 있도록 가이드와 모니터링이 지속되어야 완성이다. 교실 뒤에 액자로 걸어놓아서 아무도 볼 수 없는 급훈과 같은 복지는 거추장스러운 사족일 뿐이다.

9. 다른 것부터 보지 말고, 전문성부터 보자

말 잘 들을 것 같아서 채용했다면서 일 못 한다고 타박하지 마라. 프레젠테이션 자료 색상이 내 스타일인지 보지 말고, 프레젠테이션 내용이 어떤지를 보자. 보고의 어투가 내 맘에 들지 않는다고 뾰족해지기 전에, 보고의 핵심이 있느냐를 보자. 다른 것은 신경 쓸 필요가 없다는 것이 아니라 중요한 것을 놓치지 말라는 것이다. 중요한 것은 저 멀리 제쳐두고 부수적인 것들로만 평가를 해서는 안 된다.

10. 직급이 아니라 직무로 일하는 직장

직급이 직무를 내리누르는 조직을 만들어서는 안 된다. 직무의 전문성은 존중받아야 하고, 유기적인 전체 조직 안에서도 각각의 독립성을 지녀야 한다. 규정 안에서 담당자의 권한을 갖고 실무를 진행할 때 실무 담당이 인턴일지라도, 임원이나 대표이사가 끼어들어 안 되는 것을 되도록 직권을 넘어서는 지시를 해서는 안 된다. 직급이 무소불위의 권력이 아닌, 직무로 일할 수 있는 문화를 만드는 것이 건강한 조직을 만드는 길이다.

11. 친근과 무례, 수평과 체계 부재

친근을 가장한 무례, 수평을 가장한 체계의 부재. 귀에 걸면 귀

걸이 코에 걸면 코걸이 격인, 조직에서 너무나 흔하게 볼 수 있는 아슬아슬한 줄타기이다. 그렇게 좋을 대로 해석해서 구성원들을 힘들게 할 거면 차라리 친근하지도, 수평적이지도 말았으면.

12. 말 놓았으니 우리 이제 친한 거

형, 누나, 동생 하며 서로 말도 놓는 분위기가 조직의 자랑인 곳이 있다. 서로의 동의 없이, 위에서부터 아래로의 일방적인 말 놓기는 친근감의 원인도 결과물도 될 수 없다. 사람이란 앉으면 눕고 싶고 누우면 자고 싶다고, 말을 놓으면 다른 것들도 놓아 버리는 경우가 생긴다. 안에서 하던 버릇 밖에서도 한다고, 외부 고객과 비즈니스 미팅 때도 형, 누나, 동생 하더라. 화기애애, 애정 샘솟는 조직문화보다는, 민망하고 볼썽사납고 무례한 상황이 더 많이 연출된다. 이런 걸 친근한 조직문화라고 한다면 거리 두고 우아하게 지내는 게 낫지 않나? 무엇보다도, 말 놓는다고 친해진다는 공식은 성립되지 않는다. 그런 걸 누군가 증명했다면 벌써 노벨평화상 받았을걸.

13. 너와 나의 아름다운 선

횡단보도 선도, 주차선도, 지하철 대기선도, 다이어리에 그어진 선도, 달리기 출발선도 모두 지키라고 있는 것이다. 더불어 당신과 나 사이의 선도. 농담 같은 희롱과 걱정이라 포장한 사생활 침해, 친근을 가장한 몰상식, 가르침과 훈계인 척 쏟아내는 화풀이 등은 모두 그 아름다울 거리를 유지하는 선을 무례하게 넘는다. 조직은 지켜야 할 선을 넘는 상황이 없는지 매의 눈으로 항상 지켜보아야 한다.

14. 직원도 고객이다

직장 생활을 하면서 구성원들이 스트레스를 받으며 힘들어하는 원인은 외부 고객도 있겠지만, 직장 내부의 원인도 간과할 수 없다. 어떻게 보면 외부 고객들로부터의 스트레스는 나의 일이니 힘들어도 어쩔 수 없는 것으로 여기지만, 내부에서 나의 일과 가치에 대해 존중받고 있지 못하다고 느낄 때의 스트레스는 그 부정적인 영향력이 더욱 크게 느껴진다. 구성원들은 입사 전부터 퇴사 이후까지 언제나, 항상 잠재 고객이었고 앞으로도 그러하다. 직원도 구성원인 동시에, 우리 조직을 선택해 준 고객이다. 고객을 대하는 마음으로 소중하게 존중하고 배려해야 한다.

15. 상대의 마음가짐을 강요하지 말라

'해당 직무는 협업하는 부서에 항상 서비스하는 마음가짐을 가져야 한다' 등의 표현을 조직 내에서 사용하는 것은 바람직하지 않다. 의도와는 무관하게 부서 이기주의나 반목을 유발하기 좋은 환경을 만들기도 한다. 이런 표현은 특정 부서나 개인의 서비스 마인드를 구성원들이 당연시하고 심지어 요구하게 만들기도 한다. 구성원은 모두 서로에게 내부 고객이다. 협업을 위하여 더 잘할 수 있는 방법을 강구하고 서로를 위한 서비스 마인드는 스스로 가지는 것이지, 상대방이 강요할 수 없다. 상대방이 고마워해야 하는 것이지, 그런 마음을 강요할 수는 없는 노릇이다. 그런 문화를 조직이 주도해서는 더더욱 곤란하다.

16. 이 가운데 하나라도 있어야 한다, 모두 다 있으면 더 좋고

사람이 무언가에 관심을 가지고 몰입하기 위해서는 세 가지가 필요하다고 한다. ①이것에 재미를 느끼는가, ②이것이 나를 성장시키는가, ③이것이 나에게 의미(가치)를 지니는가. 구성원들의 동기부여를 위해서 우리 조직은 구성원들에게 무엇을 줄 수 있을지에 대한 생각의 토대 위에 그림을 그려보아야 한다. 셋 중에 하나라도 있어야 잡을 수 있다. 셋 다 있으면 더 좋고.

17. 아는 것 말고, 실행하는 것

머릿속에 해야 할 일 100가지를 넣고 있다고 해도, 행동으로 옮기는 단 한 가지가 의미 있다. 잘 해주겠다는 수백 번의 다짐보다,

실제로 지키는 것 하나가 중요하다. 좋아하는 것을 제공하는 것보다, 싫어하는 것에 대한 배려가 가치 있다.

18. 입사자 환영만큼 퇴사자 예우에 신경 쓰는 조직

내 울타리 안으로 들어오는 사람을 두 팔 벌려 맞이하는 것은 그리 어렵지 않다. 떠나는 사람에게 예의 있는 조직이 진짜다. 환영회만큼이나 송별회가 화기애애한 잔치가 될 수 있는 조직이 진짜다. 떠난 후에도 자랑스러울 수 있는 직장이어야 가능하다. 떠나는 사람에 대한 예우가 그러할 수 있다는 건, 함께 한 시간이 아름다웠을 때 가능하다. 조직 안에 있는 구성원들은 이 과정을 보며 그런 시간을 쌓아간다.

19. 투명한 조직은 자주 꺼내 닦아 비춰야 한다.

건강한 조직은 생각보다 숨겨야 할 것도, 숨겨서 좋은 것도 별로 없다. 구성원들은 조직이 생각하는 것보다 이성적이고 성숙하다. 구성원들이 동요할까 봐, 같은 말로 걱정하는 척 자꾸 꽁꽁 싸매지 말자. 불안은 상상에서 커지고, 안심은 신뢰에서 자란다. 자주 꺼내서 닦아주고 비춰 주라.

20. 불통보다 무서운 것은 소통을 잘하고 있다는 착각

불통보다 무서운 건 소통을 잘하고 있다는 착각이다. 불통은 잘 못된 부분을 수정하고 노력이라도 하면 되지, 소통을 잘하고 있다는 착각은 잘못을 모르는 것이므로 바로잡기도 힘들다. 지금의 노력이 바람직하다고 생각하기에 노력할수록 최악으로 치닫는다. 소통에 관심이 많고 깨어 있다고 생각하는 조직이나, 조직의 리더들에게 주로 나타나는 증상이다.

이는 의욕은 있어서 학습은 많이 하지만 눈치가 없거나 과도한 자기 긍정주의자들에게 빈번하게 발생한다. 구성원들이 현재 소통 방식에 매우 호의적이라고 오해하여 본인만 바쁘고 본인만 행복하다. 생각보다 많은 리더가 이런 착각에 빠져서 주변과 조직을 난감하게 만든다. 주변에서는 이렇게 바란다. '무엇을 하든 아무것도 하지 말아 줬으면'이라고 말이다. 혀를 차며 이 글을 읽는 당신, 딴 데 보지 마시고, 바로 당신! 당신이 주범일 확률이 높다.

21. 안팎이 똑같은 조직

페미니스트로 유명한 어느 학자의 이혼 사유가 아내가 집에서 꾸미고 있지 않아서였다는 웃지 못할 일화를 들은 적이 있다. 많은 조직이 이와 같은 아이러니를 가지고 있다. 조직 이념이 세계 평화인 NGO에 들어갔더니 내부는 온갖 정치가 난무하는 전쟁통이라든지, 기업 대상 조직문화 교육 회사에 입사했는데 정작 제대로 된 교육 한 번 받아 보지 못하고 최악의 조직문화만을 맛보았다든지 하는 '웃픈' 얘기들 말이다. 조직의 캐치프레이즈는 고객들에게만 국한된 외침이어서는 안 된다. 사람이 답이라고 말하는 조직은 조직 운영에 있어서도 조직 내부의 사람에게서 답을 찾아야 한다.

대외적 사업 방향성은 내부 운영에도 적용되어야 한다. 된장독인 줄 알았는데 열어서 찍어 먹어 보니 '그것'이면 곤란하다.

버티기와 생존보다는
올바른 행복을 위해

이 책은 내가 이제껏 겪어온 어떤 일들 그리고 만나온 누군가에게 묵혀 온 손가락질을 하고 싶었다든가, 출근길마다 품어왔을 직장인의 공감 버튼을 건드려 현재 불만의 불씨를 증폭시킨다든가, 몬태규와 캐플릿처럼 서로가 탐탁지 않은 조직과 구성원의 반목을 부추기기 위해 쓴 것이 아니다. 나의 경험이 정답은 아니다. 책에서 바람직하지 않다고 말한 것들 중 예외도 있을 것이다. 또한, 오답을 반복함에도 생각보다 잘 맞춰 나가고 있는 조직과 개인도 있을 것이다.

이 책에서 나는 모범답안이나 구체적 방법의 제시보다는 인식과 생각의 방향에 대해서 이야기하고 싶었다. 내일이 건강해지기 위한 오늘의 불편함과 용기에 대해서 말하고 싶었다. 나쁜 사람만이 사회악이 아니다. 병든 사회는 소수의 악당과 방관으로 동조하는 대부분의 '우리'가 만든다. 내가 좌절하고 절망했던 현실은 누군가의 포기가 쌓여서 이루어진 것임을 알기 바란다.

그럼에도, 현실과 타협할 수밖에 없는 마음도 응원한다. 적어도 이 글을 읽는 당신은 그리고 나는 지금 포기하더라도, 그렇지 않은 소수를 응원하는 마음을 가졌으면 좋겠다. 어리석다 비웃거나, 그래 봤자라는 결론을 내려버리든가, 모난 돌이라 비난하지 말았으면 한다. 그 작은 용기가 모인 덕분에 어제보다는 나은 당신의 오늘이 있는 것이니.

박봉에, 야근에, 인격모독에, 조직 내 줄타기에, 여전히 부조리한 현실이라지만 10년 전, 20년 전보다 조금이라도 더 나은 변화를 이룬 것은 포기하고 타협하지 않은 어리석은 모난 돌이 있었기 때문이다. 회사라는 이름의 조직에서 지금 막 시작하는 당신도, 한창 속도를 내어가고 있는 당신도, 벌써 이만큼이나 달려온 당신도, 잊지 말기를 부탁한다.

응원하는 그 마음 한 조각만큼, 당신도 더 나은 내일에 기여하는 것임을.